Raphael Figueira Costa

A sua gôndola estica?

Gerenciamento de espaços e processos de planogramação

2021

Copyright ©2021 by Poligrafia Editora
Todos os direitos reservados.

Este livro não pode ser reproduzido sem autorização.

A sua gôndola estica?
Gerenciamento de Espaços e Processos de Planogramação
ISBN 978-65-5854-271-1

Autor: **Raphael Figueira Costa**
Coordenação Editorial: Marlucy Lukianocenko
Organização de Conteúdo: Giseli Cabrini
Projeto Gráfico e Diagramação: Cida Rocha
Capa: Andrey Teófilo
Revisão: Fátima Caroline P. de A. Ribeiro
Foto do Autor: Daniel Delli Agostinho

```
Dados Internacionais de Catalogação na Publicação (CIP)
                 Lumos Assessoria Editorial
         Bibliotecária: Priscila Pena Machado CRB-7/6971

C837   Costa, Raphael Figueira.
          A sua gôndola estica? : gerenciamento de espaços e
       processo de planogramação / Raphael Figueira Costa. — 1.
       ed. — Cotia : Poligrafia, 2021.
          128 p. ; 21 cm. — (Coleção Varejo em Foco ; 7).

          Inclui bibliografia.
          ISBN 978-65-5854-264-3 (coleção)
          ISBN 978-65-5854-271-1

          1. Estratégia de mercado. 2. Vendas - Promoção.
       3. Comunicação em marketing. 4. Comportamento do
       consumidor. 5. Gerenciamento de vendas. I. Título.

                                              CDD 658.82
```

Poligrafia Editora
www.poligrafiaeditora.com.br
E-mail: poligrafia@poligrafiaeditora.com.br
Rua Maceió, 43 – Cotia – São Paulo
Fone: 11 4243-1431 / 11 99159-2673

A editora não se responsabiliza pelo conteúdo da obra, formulada exclusivamente pelo autor.

*"É preciso sair da ilha
para ver a ilha".*

José Saramago

Dedico este livro, em primeiro lugar, ao Sr. Luis Teodoro Figueira Costa e à Sra. Tânia Regina Oliveira Figueira Costa, meus pais. Eles sempre me apoiaram com muito amor e carinho e, mesmo diante de momentos de muita dificuldade, nunca mediram esforços para educar e transmitir valores e ética a mim e a meus irmãos. Os dois me ajudaram a superar obstáculos e a vislumbrar oportunidades, sempre pautados por princípios como integridade e verdade.

Esta obra também é dedicada à minha esposa, Eliane, por ter aceitado e me dado suporte durante todas as longas horas em que precisei me ausentar para perseguir objetivos e sonhos, inicialmente meus, e que se transformaram em conquistas e realizações conjuntas.

E, é claro, este livro também é dedicado à Valentina e à Pietra, minhas princesas, por encherem minha vida de ação e amor, além de me ensinarem que a vida não pode – nem deve – ser só trabalho.

Agradecimentos

"Nenhum homem é uma ilha isolada; cada homem é uma partícula do continente, uma parte da terra [...]". Assim escreveu, há muitos anos, John Donne, um dos expoentes da chamada poesia "metafísica" inglesa, segundo especialistas em literatura.

Ao longo da minha trajetória profissional, tive a sorte de encontrar inúmeras pessoas que contribuíram de forma decisiva para que eu deixasse de lado a minha ilha particular, isto é, minha zona de conforto, e abraçasse o desafio de desbravar outros territórios. Assim, busquei conhecimento, explorei novos rumos profissionais e tornei-me um empreendedor especialista na gestão de espaços em loja.

Dessa forma, seria impossível agradecer a todos os que fizeram parte da minha trajetória profissional: clientes, amigos, ex-empregadores e parceiros comerciais. Acreditem: cada um que passou pela minha vida até o momento, incluindo você, que está lendo este texto, merece o meu obrigado. Afinal, todos aqueles com quem temos contato impactam-nos de alguma forma.

Mas, em meio a tantos, sempre há pessoas cuja contribuição foi e tem sido mais significativa para que, sem abandonar minhas raízes, eu alce voos profissionais que tragam oportunidades não apenas para mim, mas também para minha área de atuação – a gestão de espaços em loja –, meus clientes, meus parceiros e o autosserviço como um todo.

Muitas delas permanecem presentes até hoje; outras, um pouco mais afastadas, mas, independentemente da distância, guardo um sentimento muito especial de gratidão pelas pessoas que citarei a partir de agora.

Inicialmente, gostaria de agradecer a Atanázio dos Santos Neto, diretor de Operações do Grupo Angeloni, por ter acreditado no meu potencial desde o começo, ao atuar na área de *merchandising* da rede, e, depois, por ter me apresentado à Associação Catarinense de Supermercados (Acats). Foi por meio desse contato que se deu, efetivamente, o início da minha trajetória como um profissional especializado em gestão de espaços de loja e, posteriormente, minhas atuações como consultor e empreendedor.

A Paulo Cesar Lopes, presidente-executivo da Acats, e Antonio Carlos Poletini, diretor-executivo da entidade, minha gratidão pela parceria e amizade nesses longos anos, que me ajudaram a estreitar laços com varejistas de Santa Catarina, além do apoio a projetos nacionais e internacionais desenvolvidos e executados a quatro mãos. E, é claro, sou grato também a todo o time da Acats, em particular a Romário Alves, Anandrea Macari, Graziela Jacuniak, Aldiceia Vieira Lopes, Cristiane Souza, Wagner Ferreira, Fernanda Knoch, Jair Simões e Juliana Klein: "TMJ", pessoal!

Meu muito obrigado especial a todos os amigos que, de pronto, aceitaram colaborar efetivamente para a realização deste livro: Olegário Araújo, cofundador da Inteligência 360; Tania Zahar Miné, especialista em trade marketing e sócia-diretora da Trade Design; Diogo Alves, gerente de *Shopper* Marketing e Gerenciamento por Categorias do Grupo 3 Corações; Fernando Guides, gestor de Inteligência Comercial do Dalben Supermercados; Sandro Benelli, conselheiro do Grupo Super Nosso e presidente do Conselho Consultivo do Mestrado Profissional da FGV/Eaesp; Evandro Moraes, gerente de Gerenciamento por Categoria do Veran Supermercados; Julio Lohn, diretor comercial do Grupo Mundial Mix e presidente da Rede Brasil, e aos especialistas em varejo Regina Blessa e Ronildo Vaz.

A Claudio Czapski, superintendente da Associação ECR Brasil, agradeço por ter viabilizado a primeira apresentação da Figueira Costa na entidade, em São Paulo.

A Francesco Vanzillota, minha gratidão por ter me possibilitado conhecer a dinâmica e os desafios do lado da indústria, na época em que ele ocupava o cargo de diretor na Vonpar.

Ao professor Juracy Parente, pelas contribuições valiosas para a evolução das ferramentas comercializadas pela Figueira Costa.

Agradeço à Fátima Merlin, CEO do Connect *Shopper*, e a Fernando Ferreira, diretor Comercial, de Marketing e CX do grupo Tapajós, pela troca de experiências de mercado e, também, de vida.

Sou igualmente grato ao amigo Rafael Pelachini, especialista em Gestão Estratégica de Empresas e Marketing da Montant Consultoria, por ter, gentilmente, apresentado-me à minha primeira cliente de consultoria em varejo, sua tia Tereza Bottaro Campos, cujo case foi utilizado em diversas capacitações na Acats.

A Rodrigo Beleze, sócio-fundador da Indikatore, que me apoiou no início do trabalho e me ajudou a prospectar e conquistar clientes – sem contar a parceria ao dividirmos um estande na Exposuper, Feira de Produtos, Serviços e Equipamentos para Supermercados, que acontece anualmente em paralelo à Convenção da Acats.

Agradeço à diretoria da Associação Paulista de Supermercados (Apas) pelo convite para fazer parte do painel A jornada do gestor, realizado na Apas Show 2018, ocasião em que fui um dos palestrantes sobre ajustes no planograma que aumentam a lucratividade da loja.

Da mesma forma, meu muito obrigado à diretoria da Associação Brasileira de Supermercados (Abras), em especial ao Sr. Márcio Milan, vice-presidente da instituição, pelos convites para participação como expositor na Feira de Tecnologia e Serviços, que acontece em conjunto à Convenção Anual da entidade e reúne um seleto grupo de fornecedores de soluções inovadoras para o varejo nacional ao lado de gigantes que já são referência, como Alelo e Unilever Brasil.

Um agradecimento muito especial ao amigo Márcio Simioni. Se não fosse por ele, talvez eu nunca tivesse entrado no negócio de soluções em planogramação.

Também não poderia deixar de citar os meus parceiros internacionais Christian Grosjean, da zVisuel, e Erwin Bergsma, da Global Retail Business Solutions, pela troca de conhecimentos que me levaram ao aprimoramento de soluções em planogramação ainda mais inovadoras e, também, à comercialização dessas ferramentas para países da Europa e da América Latina, além do Brasil.

A Gracia e Clélio Bagenstoss, agradeço por terem aceitado o desafio de ser nosso primeiro cliente varejista a implantar o processo de planogramação, desde a medição dos produtos até a etapa final, juntamente com os amigos Wellington Machado e Sven Imfeld, diretores da Simplus.

E, finalmente, minha gratidão à jornalista Giseli Cabrini pelo trabalho prestado na organização deste livro e à Marlucy Lukianocenko, diretora da Poligrafia, por me convidar para fazer parte do time de especialistas em Varejo selecionados para participar da Coleção Varejo em Foco, que certamente será uma referência dentro do segmento de autosserviço.

Peço desculpas caso tenha deixado de citar alguém e desejo a todos, desde já, uma proveitosa leitura!

Sobre o Autor

Morador de Florianópolis (SC) desde menino, Raphael Figueira Costa é um profundo conhecedor não só da ilha que escolheu para viver, mas também de outros espaços, em particular, o de lojas de varejo.

Com formação em Administração com habilitação em Marketing pela Fundação de Estudos Superiores de Administração e Gerência (Fundação Esag), Master Business em Gestão Empresarial e Gestão de Negócios Internacionais pela Fundação Getulio Vargas (FGV), o autor é especialista em Gestão de Espaços em Lojas e Planogramação para o Varejo e para a Indústria.

A trajetória profissional de Raphael ligada ao varejo começou do outro lado do balcão. De 2006 a 2008, atuou como supervisor de autosserviço da antiga Vonpar Refrescos S/A, que, na época, era franqueada da Coca-Cola e distribuidora da Heineken Brasil no Rio Grande do Sul e em Santa Catarina. Nesse período, foi responsável pela gestão da equipe de promotores da empresa direcionada ao atendimento e à negociação com grandes redes de supermercados com atuação no Estado catarinense, como: Walmart (atual Grupo BIG), Angeloni, Giassi, Bistek, Hippo, Comper, Rosa, Koch e Imperatriz.

Na sequência, de 2008 a 2012, tornou-se supervisor de *merchandising* do Grupo Angeloni, onde foi responsável pela gestão da operação do serviço de repositores de marcas. Foi nesse período que Raphael aprofundou, na prática, seu conhecimento sobre o papel que o planograma exerce no processo organizacional de uma empresa varejista: desde a compra até o abastecimento da loja, passando pela logística e, também, pela operação. Essa trajetória profissional multifacetada, que além de *trade marketing*, *merchandising* e comportamento do consumidor reúne atuações nas áreas financeira e de vendas, fez com que o autor saísse de sua "ilha" como profissional com carteira assinada e se lançasse ao desafio de se tornar um empreendedor.

Inicialmente, Raphael atuou na área de capacitação e consultoria para a Associação Catarinense de Supermercados (Acats), ministrando cursos de capacitação e formação de gestores sobre *merchandising*, gerenciamento por categoria (GC), marketing de varejo e ambiente de loja.

Em seguida, tornou-se consultor e, em 2014, fundou a Figueira Soluções de Planogramação. Desde então, tem atuado como facilitador para que diversas redes de varejo e indústrias alcancem resultados mais expressivos por meio de seus departamentos de trade marketing, inteligência comercial, merchandising, operações, logística e gerenciamento por categoria.

Com uma visão 360 graus da cadeia de abastecimento, especialmente quando o assunto é a gestão de espaço em lojas de varejo, o autor tem se consolidado como referência no Brasil, e também fora dele, no assunto. Prova disso foi a atração de parceiros estratégicos, como a suíça zVisuel e a belga Global Retail Business Solutions, para a comercialização e o desenvolvimento de ferramentas e soluções inéditas no Brasil em planogramação e gestão de espaço em loja.

Além das parcerias, a vivência internacional do autor reúne a participação em viagens de trabalho e missões técnicas com supermercadistas brasileiros a redes varejistas internacionais da Europa e da América do Sul, como: Carrefour, Grupo SACI Falabella, Supermercados Tottus, Supermercados Peruanos, Supermercados Ta-Ta, Tienda Inglesa, Wong/Cencosud. E, também, em eventos como NRF Retail's Big Show, em Nova Iorque, nos Estados Unidos, e a Expoalimentaria, realizada em Lima, no Peru.

Casado e pai de duas filhas, Raphael é um empreendedor que, ao mesmo tempo em que se orgulha de suas raízes, está sempre disposto a buscar fora da ilha onde vive novas ferramentas e soluções em gestão de espaço que permitam a seus clientes conhecer a fundo o próprio negócio, explorá-lo em todas as potencialidades e alcançar a excelência.

Prefácio

Por *Olegário Araujo**

Tive a satisfação de conhecer o autor Raphael Figueira Costa em 2014. Na oportunidade, ele atuava como consultor da Associação Catarinense de Supermercados (Acats), em uma visita técnica orientada para executivos de supermercados de Santa Catarina, em São Paulo. Naquele período, eu estava ocupando o cargo de diretor de Atendimento ao Varejo e Atacado da Nielsen e tive a honra de receber o seleto grupo de que ele fazia parte.

Desde o primeiro momento, quando realizava o planejamento da visita, a interação com Raphael foi ótima. No mundo da pesquisa, costumamos dizer que uma pergunta bem feita já é metade da resposta. Chamou minha atenção a capacidade dele de vislumbrar soluções a partir de ótimas perguntas.

De lá para cá, tenho interagido constantemente com o Raphael. Ao longo desses anos, a mesma assertividade que utilizava no passado, ao formular suas questões, ele reproduz nas soluções que apresenta para os desafios diários dos varejistas em relação à gestão de espaço em lojas e planogramação, ou seja, em expor uma quantidade de produtos na gôndola compatível com o giro e as condições de abastecimento na loja. Dessa forma, a empresa combate dois aspectos críticos do negócio que, em geral, não são recuperáveis. O primeiro deles é o excesso de estoque, que compromete o capital de giro. E o segundo recai sobre a ruptura, que leva à perda de vendas.

Os planogramas agilizam e facilitam o trabalho de ponta a ponta: desde a negociação com os fornecedores pela área de compras e o cumprimento do que foi planejado até a equipe de loja, responsável pelo abastecimento da gôndola. Como se costuma dizer, o segredo do varejo está nos detalhes e a planogramação, executada com disciplina, é uma técnica que traz resultados mensuráveis. Já tive a oportunidade de comprovar seus benefícios em diferentes circunstâncias.

É importante lembrar que o gerenciamento de espaço em loja é, também, vital para o consumidor. Além de ter o produto na quantidade certa na gôndola, um padrão de exposição facilita a decisão do *shopper*, aquele que realiza as compras. Isso porque ele encontra os produtos com mais facilidade e "sempre no mesmo lugar". Além de economizar tempo naquilo que lhe é rotineiro, uma exposição assertiva cria oportunidades para o *shopper*, que pode direcionar sua atenção a outros estímulos dentro do ponto de venda, devidamente pensados pelo varejista no sentido de facilitar a missão de compra do seu cliente e oferecer a ele uma experiência diferenciada.

Outra característica do autor que chama a atenção é sua disposição em não se acomodar e estar sempre disposto a buscar o que há de melhor e mais inovador para seus clientes em soluções para gestão de espaço em loja e planogramação. Para isso, Raphael tem feito parcerias com empresas internacionais, considerando o avanço tecnológico dessas organizações e a relação custo/benefício.

A prova disso está no recente lançamento do Planomax. Trata-se de um *software* que, por meio de um *QR Code*, integra as áreas responsáveis pelo processo de gestão de espaços e gerenciamento por categoria: comercial, operações, logística e fornecedores. Além disso, a ferramenta permite acompanhar a execução dos planogramas a distância e em tempo real, o que facilita a organização do fluxo do processo de planogramação.

Por essas razões, aceitei o honroso convite para escrever este prefácio, na certeza de que você terá um conteúdo riquíssimo e que será muito útil para o seu negócio.

Boa leitura!

*Olegário Araújo é cofundador da Inteligência 360 e pesquisador do FGVcev – Centro de Excelência em Varejo da FGV/Eaesp.

Introdução

Nestes mais de 20 anos dedicados ao varejo e quase 10 a comercialização, implantação e consultoria na adoção de *softwares* para planogramação e gerenciamento de espaços em pontos de venda dentro e fora do Brasil, posso dizer que, quando bem implementados, eles geram resultados relevantes para o varejo de autosserviço, tanto qualitativos quanto quantitativos. Os ganhos acontecem para qualquer perfil de loja de supermercado e, também, de canal, incluindo farma, *home center* ou *pet shop*.

Garantir padronização das exposições das lojas, reduzir custo logístico, aumentar a velocidade na contratação e no treinamento de colaboradores e colaborar para um fluxo de caixa saudável da operação fazem toda a diferença no aumento da competitividade do supermercado. Isso sem contar todas as transformações por que a atividade tem passado ao longo dos anos, seja em consequência do avanço tecnológico, que adicionou um componente extra a tudo isso, o *shopper* multicanal, ou por causa da pandemia, que tem provocado mudanças profundas de hábitos em toda a sociedade.

No fim do dia, faça chuva ou sol, independentemente se o *shopper* está mais ou menos disposto a ir fisicamente à loja, cabe ao CEO tanto zelar pela saúde do caixa da empresa quanto desenvolver uma visão holística de todo o processo, a fim de identificar gargalos e oportunidades para o seu negócio.

Nesse contexto, o processo de planogramação deve funcionar como um elo entre as áreas da empresa, de forma alguma como gerador de atritos, o que é muito comum quando as áreas comercial, responsável por definir e comprar o sortimento, logística e operacional, encarregadas de garantir a presença dos produtos nas gôndolas, não falam a mesma língua. Esse descompasso gera ruídos em todo o negócio, afetando também a performance de segmentos e áreas como: cadastro, Tecnologia da Informação (TI), Recurso Humanos e *merchandising*, entre outras.

Costumo reforçar para meus clientes que, para obter sucesso com o processo de planogramação e gestão de espaços em loja, não basta simplesmente contratar uma ferramenta e encarregar alguém de operá-la.

Conforme mencionado, por permearem diversas áreas da empresa, como operação, comercial, logística e RH, a planogramação e a gestão de espaços em loja são processos cujas curvas de aprendizado são longas e demandam engajamento tanto horizontal quanto vertical.

Ao longo desses anos, foi possível perceber que os clientes que obtiveram resultados mais expressivos com esses processos de planogramação foram aqueles que, além da ferramenta mais adequada, contaram com três variáveis:

a) Um patrocinador forte;
b) O engajamento das áreas;
c) Uma pessoa para operar a ferramenta.

Em todos os casos, o CEO da empresa, que tem o papel de gerir o fluxo de caixa, entendeu que a gestão de espaços no ponto de venda impacta nesse aspecto e que, portanto, se houver uma gestão ineficiente, a saúde financeira do negócio provavelmente será prejudicada.

Da mesma forma, diretores e gerentes de outras áreas precisam ser envolvidos, estar alinhados aos objetivos da empresa e entender como seus departamentos serão impactados e favorecidos com o processo.

Exemplificando: é de suma importância que a área comercial enxergue o processo como algo em que, embora a primeira impressão seja a de que o processo de listamento e delistamento de produtos seja mais moroso, o benefício na hora de negociar com os fornecedores é maior.

Uma vez que o planograma sofre alterações sempre que itens são ativados ou inativados para compra, é importante criar um processo de cadastro capaz de assegurar que os novos produtos somente sejam ativados após terem suas posições definidas nos planogramas. Da mesma forma, os itens inativados só terão esse processo concluído mediante a definição, no planograma, de quais produtos ocuparão seus espaços.

Do mesmo modo, a área de operações passa a receber instruções sobre como montar as exposições de gôndola, levando em consideração dados comerciais, tradicionalmente inacessíveis, o que possibilita mais assertividade tanto no processo de montagem quanto no de reposição das prateleiras.

Portanto, esse processo precisa ser estudado e estar alinhado, principalmente, entre as áreas comercial, operacional e de planogramação, a fim de acordar prazos entre elas, de forma a viabilizar que tudo aconteça em sintonia e sem atropelos.

E, por fim, é necessário ter um profissional qualificado para operar a ferramenta com conhecimento em *merchandising* e de planilhas. Essa pessoa também precisa ter um bom nível de relacionamento interpessoal e de preferência algum conhecimento sobre operação de loja.

Juntando essas três variáveis a um processo que garanta o mínimo de atrito para alimentar o *software* de planogramação, é possível obter uma redução drástica na ruptura operacional e, por consequência, um aumento de vendas e um processo mais fluido de compra e venda. Outros aspectos importantes são: treinamento do time de loja e de promotores sobre como utilizar o planograma; alinhamento do processo de cadastro; medição do resultado da categoria após a implementação do projeto e auditoria periódica de gôndola.

Mas os benefícios não param por aí. A área de logística também terá ganhos, uma vez que seus parâmetros podem ser atualizados com base nos planogramas. Isso garante o padrão dos espaços disponíveis para estoque em prateleira, além de uma redução de custo logístico relevante para o negócio.

Até o departamento de Recursos Humanos é impactado positivamente, pois, a partir do momento em que existe um processo claro e objetivo para reposição de gôndola, não é mais necessário recrutar profissionais com experiência em supermercados, basta apenas buscar os que têm boa vontade.

Ao longo dos anos, tivemos a oportunidade de colaborar para o surgimento de inúmeros *ca-*

ses com clientes, inclusive apresentados em feiras como APAS, Exposuper, Mercosuper e Abrafarma, que servem para comprovar a eficácia do uso de ferramentas profissionais de planogramação e de gestão de espaços em loja.

No caso da rede de Supermercados Rancho Bom, que possui lojas nas cidades catarinenses de Schroeder, Jaraguá do Sul, Guaramirim, Corupá, houve uma redução de 85% na ruptura operacional e um aumento de 12% no faturamento de todo o departamento de limpeza após o processo de planogramação.

Por sua vez, no Supermercado Rodrigues, com uma unidade em Joinville (SC), houve uma redução de 10% no valor de estoque na categoria de detergentes e obtivemos um *feedback* muito positivo dos clientes. Segundo eles, a nova forma de exposição facilitou a identificação dos produtos nas prateleiras e, assim, houve um aprimoramento da experiência de compra.

Além de reforçar os benefícios que processos e ferramentas profissionais de planogramação e de gestão de espaços geram para supermercados, os cases acima também corroboram o fato de que tais soluções são aplicáveis a estabelecimentos dos mais diferentes portes e perfis. Isso serve para desmistificar crenças de que é preciso investir muito do ponto de vista financeiro ou que tais processos são muito complexos.

Portanto, mais do que simplesmente apresentar soluções profissionais em planogramação e gestão de espaços, este livro tem o objetivo de trazer reflexões mais amplas sobre o papel que a loja física exerce atualmente, como maximizar seus pontos fortes e oportunidades e minimizar desafios e pontos de atenção e soluções a partir do uso eficiente dos espaços e, também, de *softwares* de planogramação para atrair clientes, expor produtos com eficiência, facilitar a jornada de compra, estimular a venda por impulso, reter a clientela, reduzir rupturas, cortar custos, melhorar a performance operacional e contribuir para a saúde financeira do negócio varejista.

Traçando um paralelo com a epígrafe e o prefácio desta obra, ferramentas profissionais de planogramação e de gestão de espaços podem ser comparadas a bússolas cujo objetivo é auxiliar CEOs e gestores a redirecionar a rota, a fim de garantir maior eficiência operacional e lucratividade, vitais para sobreviver frente aos desafios do presente e, também, do futuro.

Mas a exemplo das bússolas, apenas uma ferramenta não basta. É preciso usá-la corretamente, a fim de que toda a tripulação saiba para onde remar e, assim, garantir que o navio, seu negócio, possa navegar com tranquilidade e segurança.

Sumário

Capítulo 1 Sua loja vende? Ponto de venda: onde tudo acontece 31
Artigo: O ponto de venda físico na era do consumidor multicanal - Regina Blessa 38

Capítulo 2 Você e seu cliente enxergam mesmo sua gôndola? - Entendendo o comportamento do *shopper* 41

Artigo: *Shopper Insights* - Ronildo Vaz 44
Artigo: Comportamento de compra do *shopper* e árvore de decisão aplicados à gestão de espaços - Diogo Alves 56

Capítulo 3 O que cabe na sua gôndola? Ruptura e sortimento 61
Artigo: Impactos do hipersortimento na pandemia - Tania Zahar Miné 70
Artigo: Como garantir o sortimento ideal Fernando Guides 72

Capítulo 4 Sua forma de gerir espaços é eficiente? Gestão de espaços em loja: uma visão pragmática 81
Artigo: A importância do envolvimento das áreas para o sucesso do processo de planogramação - Evandro Moraes 94

Capítulo 5 Sua solução é adequada? Ferramentas para planogramação e gestão de espaços 101

Capítulo 6 Considerações finais 116
Artigo: Gestão da Gôndola e fluxo de caixa - Sandro Benelli 120

Referências 124

A gôndola é um ativo estratégico na hora de atrair, fidelizar e reter o cliente

Foto: Adobe Stock

1. Sua loja vende?

Ponto de venda: onde tudo acontece

Paralelamente aos impactos da pandemia de Covid-19 para o varejo alimentar e o comportamento do *shopper* e, também, aos reflexos do *omnichannel* nos hábitos de consumo dentro e fora dos supermercados, é importante fazer uma reflexão sobre o papel do ponto de venda físico: seus pontos fortes, suas oportunidades e, ainda, em relação a pontos de atenção e desafios que o varejo requer.

Por mais que o ambiente virtual esteja crescendo e se desenvolvendo, com novas tecnologias, meios de pagamento e aplicativos de entrega, percebe-se que a loja física permanece sendo o principal ponto de conversão de vendas do varejo de autosserviço, pois é nela que o cliente tem contato com o produto.

Em linhas gerais, dificilmente a experiência em lojas físicas pode ser replicada em ambientes

32

virtuais. Pesquisas mostram que, ao visitar uma loja física, o *shopper* tende a adquirir 40% a mais do que compraria por meio de um site[1].

Além disso, seis em cada dez clientes virtuais visitam uma loja física antes de comprar *on-line*[2]. Até mesmo na China, um dos países do mundo mais avançados tecnologicamente, 85% das vendas ainda ocorrem em lojas físicas[3].

Utilizando o conceito de *SWOT Analysis*, técnica de planejamento estratégico, cabe destacar outros pontos fortes e oportunidades da loja física, em particular para o varejo alimentar:

Pontos fortes e oportunidades:

1. Sim, o ponto de venda físico continua a ser um lugar aonde as pessoas gostam de ir. Estudo realizado pela Lett, plataforma de trade marketing digital, e pela Opinion Box, plataforma mineira de pesquisas, revelou que 64% das pessoas preferem comprar em lojas físicas, ante 36% daquelas que privilegiam lojas on-line quando as condições de preços e os benefícios são os mesmos[4];

2. É um local em que a satisfação das necessidades do cliente está à distância de um braço;

---

1 Artigo publicado pelo site Implantando Marketing sobre o *The Everywhere Sto re*, uma espécie de prévia do NRF Retail's Big Show, que reuniu grandes nomes do varejo em 2018.

2 Estudo SPC Brasil e Meu Bolso Feliz, 2015.

3 Site S.A. Varejo. Redação S.A. Varejo, novembro de 2018.

4 Meio & Mensagem. Disponível em: <https://www.meioemensagem.com.br/ home/marketing/2019/08/22/lojas-fisicas-sao-preferidas-por-64-dos-bra-sileiros.html>.

3. É um dos formatos de ponto de venda mais democráticos que existem, uma vez que são projetados para permitir o acesso igualitário das mercadorias a todos os agentes da sociedade;

4. Segundo a pesquisa "*Shopper*, Supermercado e Promoção: um ecossistema essencial para marcas durante a crise", elaborada pela Agência 96, em 2017, 86% dos consumidores brasileiros planejam suas compras e costumam listar os itens necessários, mas apenas 7% seguem a lista rigorosamente[5];

5. Por ser uma atividade econômica considerada essencial, o supermercado manteve suas portas abertas durante a pandemia, o que tornou a loja física ainda mais relevante como canal de abastecimento para os lares;

6. O *e-commerce* para compras de FMCG (bens de consumo massivo como bebidas, alimentos e itens para cuidados pessoais) ainda enfrenta restrições entre brasileiros: 51% dos consumidores disseram preferir fazer compras em lojas físicas mesmo durante a pandemia[6] ;

7. Possibilidade de consumo imediato;

8. Garantia de que o produto que o *shopper* escolheu na hora da compra será, de fato, aquele que ele irá consumir;

---

5   Dado divulgado no site de notícias IG, 2017.

6   Estudo "Consumer Insights", da Kantar Worldpanel, referente a 2020.

A sua gôndola estica? *Raphael Figueira Costa*

9. Contato e interação real com o produto, o que é especialmente vantajoso, por exemplo, na aquisição de itens perecíveis, bem como em verificar e conferir os respectivos prazos de validade.

Porém, ainda que o ponto de venda físico seja extremamente relevante para o negócio dos supermercados, podemos notar que, muitas vezes, todo esse potencial acaba sendo negligenciado pelo supermercadista.

Certa vez, eu estava conversando com um dono de uma grande rede de supermercados de Santa Catarina que é cliente da Figueira Costa. Era uma conversa informal em que estávamos trocando experiências sobre vários assuntos relacionados a supermercados.

Em determinado ponto do nosso bate-papo, ele me perguntou: "Você sabe qual é o negócio do supermercado?". Pensando que se tratava de uma brincadeira, devolvi a pergunta: "Qual é?". E ele me respondeu: "O negócio do supermercado é transferência de mercadoria. No fim do dia, somos um grupo de pessoas em que alguns negociam e compram produtos; outros recebem e armazenam as mercadorias; há quem separa, organiza e envia os produtos para as lojas e existem aqueles que recebem os itens, colocam-nos nas prateleiras e precificam-nos para serem vendidos".

E, na sequência, esse mesmo empresário acrescentou: "Por incrível que pareça, a gôndola é o ponto mais negligenciado no processo. Uma vez que os produtos chegam às prateleiras, praticamente não há qualquer orientação, padronização ou controle eficientes sobre como os itens devem ser expostos ou se, de fato, eles estão lá". Retomando o conceito de SWOT *Analysis*, é possível identificar também pontos de atenção e desafios relacionados ao papel do ponto de venda físico para o varejo alimentar.

Pontos de atenção e desafios:

1. O cliente normalmente não gasta mais de 15 segundos em frente a uma gôndola tentando localizar um produto . Portanto, é dentro desse intervalo que o produto[7] precisa ser visualizado pelo *shopper* e atraente o suficiente para convencê-lo a ser colocado no carrinho. Caso a exposição esteja muito confusa e o cliente não consiga encontrar o que procura, a venda provavelmente não acontecerá;

2. É preciso equacionar o crescente lançamento de produtos pela indústria e a limitação de espaço físico da loja;

3. O acirramento da concorrência entre outros canais físicos de autosserviço pela preferência do *shopper*, em particular o aumento das lojas de vizinhança e de farmácias, além do fortalecimento do atacarejo;

4. Se, por um lado, a pandemia foi benéfica, por outro, ela trouxe o temor por locais sujeitos a aglomerações, o que implica novas formas de pensar o *layout* e a operação como um todo;

---

7   Nielsen *Shopper Study*, Latin America, 2016.

A sua gôndola estica? *Raphael Figueira Costa*

5. A alimentação fora do lar ou *foodservice*, que concorre com o supermercado, mudou de cara e se fortaleceu. A pandemia popularizou o *delivery* de refeições no Brasil. A modalidade de consumo virou tendência em abril de 2020 e, desde então, vem ganhando cada vez mais espaço. No País, o serviço tem mais de 80% de penetração nas zonas urbanas entre os consumidores de até 50 anos e demonstra ainda mais oportunidade de crescimento[8];

6. A evolução tecnológica na gestão dos processos e meios de pagamento – *self-check*out, compras e pagamentos por apps, dispositivos para "papa-filas", *QR Code*, *scanning* etc. –, que chega para ser um facilitador, pode, ao mesmo tempo, gerar gargalos. As falhas podem acontecer em virtude da falta de intimidade do colaborador e do consumidor com essas tecnologias;

7. Cada vez mais, é preciso ter uma logística eficiente, disponibilizar lançamentos e criar um ambiente de compra atrativo;

8. Garantir uma execução eficiente das estratégias comerciais;

9. Manter um custo de operação enxuto é um diferencial competitivo;

---

8   Estudo Consumer Insights, da Kantar WorldPanel, 2020.

10. Uma vez que, tradicionalmente, o supermercado é visto como porta de entrada para o mercado de trabalho, o *turnover* de pessoas na operação tende a ser elevado, o que dificulta o treinamento e a padronização das atividades.

Resumindo: o principal cartão de visitas de um supermercadista é a loja física. É nesse espaço que tudo acontece, uma vez que se trata, quase sempre, do primeiro e principal ponto de contato do cliente com sua empresa, sua marca e seu negócio.

Portanto, cada metro quadrado desse local é valioso e precisa ser pensado estrategicamente para atrair, converter e fidelizar o cliente, além de se tornar, de fato, relevante para ele e se diferenciar da concorrência, que está cada vez mais acirrada na era do consumo multicanal.

O ponto de venda físico na era do consumidor multicanal

Por Regina Blessa*

O ponto de venda físico representa o ambiente para onde convergem todos os elementos que compõem a venda: o consumidor, o dinheiro e o produto. Uma boa loja sempre será imbatível para cativar os olhos dos clientes, enquanto o bom atendimento, por sua vez, conquistará seus corações. Apesar de termos assistido, há décadas, à indústria fornecedora como locomotiva do varejo, atualmente, as lojas são as responsáveis pelo fluxo de suas vendas, por terem finalmente entendido que precisavam ser mais receptivas às técnicas de *merchandising*, ambientação e *neuromarketing*.

Aos poucos, varejistas e fornecedores, juntos, estão conseguindo construir a imagem de marca de seus produtos e de suas lojas, cientes da importância dessa identidade para fidelizar seu consumidor.

Paralelamente ao processo irreversível de expansão do varejo on-line, técnicas de exposição e planogramação estão tornando as lojas cada vez mais atraentes, enxutas e completas na opinião da maioria dos consumidores.

Enquanto o marketing das indústrias tenta acertar no lançamento dos produtos, por meio de estudos e pesquisas, a propaganda cria a melhor divulgação para informar seu público-alvo. Antes que essa comunicação seja liberada aos veículos de mídia, os pontos de venda físicos precisam estar visualmente preparados e abastecidos para completar a façanha, que resultará na compra.

Também é necessário cuidar da profissionalização da sua equipe, do relacionamento com os seus clientes, das estratégias de preços e estoques, da prestação de serviços, da qualidade tecnológica e da comunicação por meio da mídia e das redes sociais.

Dentro desse esforço para sobreviver na era do consumidor multicanal, ter o cadastro atualizado dos clientes é algo ainda mais sensível. Com tantos meios digitais e com tanta tecnologia, muitos ainda se esquecem do principal: o interesse no conhecimento e na retenção de dados da clientela tradicional.

Aos olhos do consumidor, nada mudou. Apenas as opções e os canais se multiplicaram. Ele continuará a se encantar com produtos bem expostos, promoções com gatilho impulsionador, gôndolas ou catálogos bem selecionados.

* Regina Blessa é consultora e palestrante especializada em merchandising. Trabalha desde 1987 como profissional da área em empresas nacionais e internacionais.

A sua gôndola estica? *Raphael Figueira Costa*

O cliente compra o que ele enxerga: se o produto não estiver na prateleira ou se for difícil encontrá-lo, a compra não acontece

2. Você e seu cliente enxergam sua gôndola?

Entendendo o comportamento do shopper

O varejo de autosserviço veio a se popularizar nos Estados Unidos logo após a Grande Depressão, na década de 1930, momento em que os varejistas da época viram-se forçados a reduzir seus custos e aumentar sua eficiência para sobreviver[9].

O conceito foi inovador para a época, uma vez que o balcão de atendimento e o vendedor deixaram de existir. No lugar, surgiram as prateleiras e uma nova modalidade de atendimento, em que o cliente passou a escolher, por conta própria, os produtos. Isso provocou uma drástica redução dos preços e das margens das mercadorias comercializadas, o que agradou aos consumidores, além de conferir a eles mais autonomia na hora de ir às compras.

---

9   MATTAR, Fauze Najib. Administração de Varejo. Barueri, SP: Gen Atlas, 2011.

No Brasil, a modalidade chegou, oficialmente, 23 anos depois, em 1953, quando surgiram os primeiros supermercados[10] . O segmento de hiper e supermercados foi o que gerou mais empregos em 2018, além de assumir a liderança na participação da receita líquida do setor comercial brasileiro[11].

Assim, por definição, no varejo de autosserviço, o próprio cliente é o responsável por cada etapa da sua missão de compra (abastecimento, reposição ou consumo imediato). É o *shopper* que escolhe o item que deseja, coloca-o no carrinho ou cestinha, dirige-se ao caixa e efetua o pagamento.

Com exceção do *checkout* operado por um funcionário ou de seções muito específicas, como bazar, açougue, frios e padaria, quase todo esse processo dispensa uma interação do cliente com qualquer colaborador do estabelecimento.

Assim, numa loja física de supermercado, o principal ponto de contato do *shopper* dá-se na gôndola, que é o espaço natural e permanente de exposição dos produtos. Vale, no entanto, lembrar a existência de pontos extras, que são espaços adicionais ou promocionais voltados a ampliar o giro de mercadorias.

Antes mesmo de o cliente entrar no estabelecimento, é importante estar atento a alguns fatos relativos à forma como ele percebe o mundo ao seu redor, por meio dos cinco sentidos:

---

10   MATTAR, Fauze Najib. Administração de Varejo. Barueri, SP: Gen Atlas, 2011.

11   INSTITUTO BRASILEIRO DE GEOGRAFIA E ESTATÍSTICA (IBGE). Pesquisa Anual de Comércio (PAC). Rio de Janeiro: IBGE, 2018.

- 1% pelo paladar;
- 1,5% pelo tato;
- 3,5% pelo olfato;
- 11% pela audição;
- 83% pela visão[12].

Ou seja, o cliente compra o que ele enxerga: se o produto não estiver na prateleira ou se for difícil encontrá-lo, a compra não acontece.

No entanto, antes de lançar mão de estímulos visuais a fim de atrair o *shopper*, proporcionar a conversão e estimular compras por impulso, é necessário entender como funciona a dinâmica do cliente ao transitar na loja física para decidir a compra, tanto no macro quanto no microespaço. É isso o que vai servir como diretriz para a forma como os produtos devem ser expostos nas prateleiras.

---

12   Veronis, Shler e Assoc. (apud BLESSA, 2005, p. 15).

A sua gôndola estica? *Raphael Figueira Costa*

Shopper insights

Por Ronildo Vaz*

Existem fatores-chave que podem definir a exposição dos produtos em uma gôndola, como objetivos dos varejistas, estratégias das marcas dos fabricantes, tendências e desempenho das categorias, além da visão do *shopper*, ou seja, conhecer atributos que ele valoriza. Mapear tais insights representa uma oportunidade para identificar as categorias mais desejadas pelo *shopper* e, também, para planejar a exposição delas no ponto de venda.

Uma categoria é um agrupamento de produtos complementares e substitutos para atender às necessidades dos consumidores. O propósito, aqui, é entender os produtos que fazem parte da categoria e quais atributos são considerados na decisão de compra: preço, tamanho, tipo, sabor, formato ou marca. Posteriormente, são construídas a segmentação e a hierarquia de decisão de compra.

A tradução da segmentação e da hierarquia da decisão de compras para a gôndola facilita o processo de identificação e de escolha da mercadoria no ponto de venda pelo *shopper*. Portanto, é altamente recomendável que a árvore de decisão de compra traduza-se no planograma, a fim de facilitar esse processo de comparação que, em geral, é pautado por atributos como: marca, tamanho de embalagem e tipo.

Como fazer uma pesquisa para obter *insights* de como organizar os produtos na gôndola?

O *laddering* é uma técnica de pesquisa que foi criada para as finalidades de marketing e destaca-se por permitir que a empresa compreenda as motivações do *shopper* por meio da identificação do seu Mapa Hierárquico de Valor.

Refere-se ao processo de compreensão gradativa dos elementos que motivam os consumidores a escolher um determinado produto.

Trata-se de uma técnica qualitativa de pesquisa que se baseia em entrevistas em profundidade, com duração entre 20 e 30 minutos. O pesquisador começa perguntando sobre quais são os atributos mais importantes para a escolha de um produto específico. A partir das respostas do próprio entrevistado, o pesquisador segue perguntando "por que isto é importante?". No fim das entrevistas, há um conjunto de procedimentos bem especificados que permitem identificar quais são os principais encadeamentos (raciocínios) para a classificação dos atributos.

A técnica auxilia a empresa a ter uma visão mais precisa sobre aquilo que o seu público-alvo valoriza e dá as bases para a criação de produtos, segmentações e comunicações mais eficientes e lucrativas.

Mapear tais *insights* permite, ainda, considerar tendências sobre formatos de varejo, como, por exemplo, a valorização do *cash&*

carry (atacarejo) em situações de redução de renda do *shopper*, que passa a buscar canais com menos serviços e preços mais competitivos.

Segundo a empresa de consultoria Mckinsey, as organizações de alto desempenho investem duas vezes mais obtendo *insights* sobre o *shopper* do que as organizações de menos sucesso. Entender o comportamento do *shopper* permite transmitir credibilidade aos parceiros comerciais e, assim, obter vantagem competitiva perante o mercado.

*Ronildo Vaz é consultor nas áreas de vendas, trade *marketing, inteligência de mercado e varejo*

Macro e microespaço, zonas quentes e frias

Antes de introduzir o conceito de gestão de espaços, é necessário entender as diferenças entre macro e microespaços e zonas quentes e frias, bem como a relação que existe entre elas.

O macroespaço é a planta baixa da loja ou minifloor. Ou seja, é uma representação gráfica de como os mobiliários estão dispostos no ponto de venda e como as categorias – sejam elas geradoras de tráfego ou de margem – estão distribuídas nesses espaços.

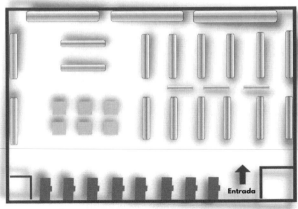

Planta baixa de um supermercado

A forma como as categorias estão distribuídas no ponto de venda influencia diretamente o trânsito dos clientes pela loja e ajuda a potencializar o efeito de estímulos visuais como ofertas, além de vendas por impulso, principalmente de produtos com maior margem.

Para possibilitar que as vendas sejam maximizadas por um *layout* vendedor, é importante que as categorias que geram mais e menos tráfego estejam posicionadas de forma a evitar as famosas zonas frias.

As zonas frias são as áreas da loja que possuem muitas categorias que não geram tráfego de clientes, como, por exemplo, a seção bazar. Nessas áreas, as vendas tendem a ser baixas, uma vez que menos clientes recebem estímulos visuais dos produtos. E, como vimos anteriormente, o que o cliente não enxerga, ele não compra.

Usualmente, em supermercados, existe a tendência de posicionar as categorias de perecíveis no fundo das lojas, não só por uma questão mercadológica – atrair o cliente para essa área e aquecê-la quanto ao tráfego –, mas também por uma questão logística. Isso facilita o transporte de insumos e mercadorias perecíveis, como farinha e produtos resfriados e congelados, que costumam sujar muito os locais durante seu trânsito.

É importante, no entanto, estar atento ao fato de que não existe receita pronta para definir o layout de uma loja de supermercado.

Nos cursos que eu ministrava para as turmas de formação de gestores de loja da Associação Catarinense de Supermercados (Acats), eu costumava exemplificar da seguinte forma: imagine que a planta baixa da sua loja é um tabuleiro. Nele, há vários clipes espalhados, que representam os clientes. Para atrair os clipes, você deve usar alguns ímãs, que são as categorias de produtos. Os ímãs (categorias) devem ser posicionados estrategicamente por todos os cantos do tabuleiro (planta baixa da loja), a fim de atrair os clipes (clientes). O objetivo é criar um *layout* mais dinâmico, evitando a formação de zonas frias.

Mas existe também o oposto de zona fria, que são as zonas quentes. São as áreas do piso de loja que possuem alto tráfego de clientes normalmente por exporem muitas categorias com alto volume de vendas como, por exemplo padaria, hortifrúti, açougue, bebidas etc. Outros exemplos de zonas quentes em um supermercado são a área dos *checkouts* e o corredor central.

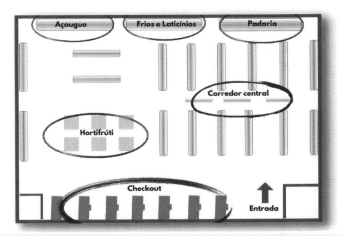

Planta baixa de uma loja de supermercado mostrando os locais considerados zonas quentes

É importante ressaltar que, embora a entrada da loja seja considerada uma área nobre, uma vez que todos os clientes que entram na loja passam por ali, ela não é uma zona quente, mas de transição. Isso porque o cliente leva alguns segundos para se ambientar naquele local, isto é, ainda não está preparado para comprar efetivamente e, por isso, costuma prestar pouca atenção nos produtos expostos nessa área, segundo o livro "*Store Design*

A sua gôndola estica? *Raphael Figueira Costa*

and Visual Merchandising: Creating Store Space that Encourages Buying" por Claus Ebster e Marion Garaus, na *Business Expert Press.*

O corredor logo em frente à entrada da loja, por sua vez, deve ser utilizado para a exposição de categorias de maior margem, a fim de atrair o cliente e estimulá-lo a visualizar esses produtos, gerando uma oportunidade de venda desses itens. É o caso, por exemplo, de categorias da seção bazar. Existe também a tendência de posicionar produtos de hortifrúti nesta área da loja com o intuito de gerar a sensação de frescor e estimular o giro desses itens, reduzindo as quebras.

O cliente, ao entrar na loja, tende a fazer o caminho anti-horário (de acordo com o livro citado de Claus Ebster e Marion Garaus), e evitar corredores estreitos. Dessa forma, o corredor central – que é tradicionalmente mais largo – costuma atrair mais clientes. Portanto, trata-se de uma área promissora para pontos extras, como ilhas e pontas de gôndolas bem montadas e precificadas, a fim de estimular vendas por impulso.

Quanto ao *checkout* – área em que todos os clientes que compram algo passam e geralmente tendem a permanecer por um algum tempo –, é promissor para a compra por impulso de categorias de indulgência, de consumo imediato, menos notáveis e com margens mais altas, como, por exemplo, pilhas, revistas e gomas de mascar.

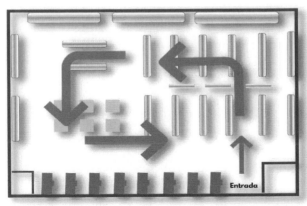

Circulação do cliente na loja

O microespaço, por sua vez, refere-se à forma como os produtos são agrupados e posicionados dentro das categorias nas gôndolas, e é, normalmente, representado na forma de um planograma. O planograma é um documento que retrata graficamente o modo como os produtos devem estar dispostos nas prateleiras. Da mesma forma que existem técnicas para estimular o consumo no macroespaço, há também estratégias para o microespaço.

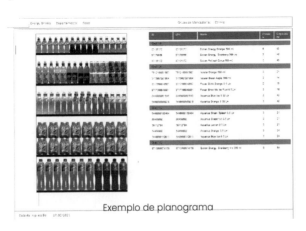

Exemplo de planograma

A sua gôndola estica? *Raphael Figueira Costa*

Para entender melhor como organizar os produtos nas prateleiras, é importante entendermos a forma como os clientes procuram os produtos nas gôndolas. Normalmente, ao transitar pela loja, os clientes identificam os corredores das categorias que desejam comprar. Ao entrar no corredor, o *shopper*, primeiramente, faz uma varredura horizontal com os olhos até a localização da categoria ou do grupo de produtos.

Uma vez identificada a categoria e/ou o grupo de produtos, usualmente é feita uma busca na vertical, num movimento de zigue-zague com os olhos pelas prateleiras. É importante destacar que, normalmente, os corredores têm uma extremidade que atrai mais clientes. Identificá-la é de extrema importância para elaborar corretamente o planograma da categoria. O ideal é posicionar as categorias geradoras de tráfego no fim do fluxo do corredor e aquelas que geram margem no início dele. Esse tipo de estratégia promete fomentar mais oportunidades de vendas para os produtos de maior margem, uma vez que mais clientes terão oportunidade de enxergar esses itens antes de decidir a sua compra.

Pensando no posicionamento dos itens nas gôndolas, um estudo da Nielsen mostrou que as prateleiras que mais estimulam a venda são aquelas posicionadas entre a altura da cintura e o início do pescoço. A prateleira que fica na altura da cintura chamamos de "ponto de pega", pois é a mais atrativa para as vendas. Nesse espaço, é recomendado posicionar produtos que possuem margem e giro acima da média da categoria, uma vez que são eles os que deixam uma contribuição financeira mais expressiva para o negócio.

A área nobre da gôndola fica entre a altura dos olhos e a cintura do shopper e deve ser ocupada por itens com volume e margem acima da média da categoria

Nas prateleiras acima da linha do início do pescoço, recomenda-se posicionar produtos que despertem curiosidade, geralmente itens de nicho com maior valor agregado e marcas regionais que nem sempre possuem alto giro, segundo publicação da Nielsen *The Smart Shelf? Your Pathway to Wining Retail: a guide on how can you as a manufacturer win at the shelf, 2020*. Na tradução: Prateleira inteligente? Seu caminho para o varejo vencedor: um guia sobre como você pode, como o fabricante, vencem com a prateleira

Vale ressaltar que as prateleiras superiores devem estar posicionadas a uma altura cujo acesso de um cliente de estatura média, 1,60 cm, seja fácil. Outra dica é expor itens mais leves e menores nas prateleiras superiores e maiores e mais pesados nas inferiores. Isso também facilita o acesso e torna a experiência de compra mais confortável.

Nas prateleiras abaixo dessa faixa, recomenda-se expor produtos mais populares, de menor valor agregado e maior volume de vendas, uma vez que, normalmente, as prateleiras inferiores têm profundidade maior e comportam maiores volumes de produtos.

Categoria e árvore de decisão

A forma como os itens são agrupados dentro da categoria influencia a decisão de compra do *shopper*. Por isso, é importante fazer breves conceituações sobre o que é categoria e árvore de decisão.

Categoria é o conjunto de itens que têm função similar e podem ser substituídos facilmente pelo shopper. Exemplificando: a categoria de sabão para lavar roupa reúne diversos tipos de produto: líquido, em pó, concentrado, com amaciante etc. Ao parar em frente a uma gôndola para escolher o produto que deseja, o *shopper* toma uma série de decisões menores antes de bater o martelo e colocar o item em seu carrinho ou cestinha. Esse processo é chamado de árvore de decisão.

Exemplificando: quando uma mãe vai escolher a fralda para o seu bebê, a primeira decisão a ser tomada por ela é se o tamanho das fraldas dos pacotes disponíveis nas prateleiras é aquele que o bebê dela utiliza. Em seguida, a marca da preferência dela e, por fim, o tamanho do pacote[13].

Tradicionalmente, a árvore de decisão do cliente de uma determinada categoria é mapeada pelos fornecedores, por meio de pesquisas de comportamento do *shopper*, a fim de converter mais vendas. Tais estudos servem como parâmetro para orientar o time de promotores das indústrias que agrupam as categorias nas gôndolas dos supermercados. Esse material também costuma ser compartilhado pelos fornecedores com os supermercadistas, que os repassam para seus repositores.

Apesar desse material contribuir para uma exposição mais alinhada às demandas e aspirações do cliente, quase sempre é insuficiente para garantir uma exposição ideal para o negócio da loja em si. Isso porque o foco está na forma como o *shopper* enxerga a categoria, e não no espaço físico que irá expô-la. Ou seja, resolve apenas parte da equação voltada a uma execução eficiente na hora de expor os itens adquiridos pelo departamento comercial da loja. Nem sempre só contar com esse material é suficiente para garantir a presença do produto na gôndola no timming e no local ideal e, assim, evitar ou, pelo menos, minimizar chances de ruptura, conforme veremos no próximo capítulo.

---

13   Guia de Sortimento S.A., Varejo, 2019

Comportamento de compra do shopper e árvore de decisão aplicados à gestão de espaços

Por Diogo Alves*

Conhecer os hábitos e as atitudes do *shopper* e consumidor e aprofundar-se no entendimento referente ao comportamento de compra das categorias é essencial e premissa para traçar as melhores estratégias e entregar a melhor solução de compra que atenda às necessidades do *shopper* e do consumidor no PDV.

O processo investigativo de compreensão do *shopper* e do consumidor envolve várias questões, como: qual é o perfil do *shopper*? Quais são seus hábitos e preferências de compra? Qual é sua relação com a categoria? De que forma ele estrutura e segmenta a categoria? Qual é o processo decisório, ou seja, a árvore de decisão de compra? A categoria possui a compra planejada? Qual é o comportamento do *shopper* no PDV? Quais são os *triggers* (gatilhos) para compra? Quais são as tendências de mercado mais atuais que impactam a categoria? Quais as mudanças nos hábitos de consumo?

Diante de todos esses questionamentos, surge o desafio de respondê-los por meio de metodologias qualitativas e quantitativas de pesquisas de mercado, realizadas, principalmente, pelas indústrias de FMCG (bens de consumo massivo entre eles bebidas e alimentos) e redes de varejo alimentar, com o objetivo de conhecer melhor sua base de *shoppers* e de consumidores.

Um dos frutos desse estudo é a árvore de decisão de compra. Na essência, ela reflete o *ranking* dos principais atributos considerados pelo *shopper* no momento da compra. Essa importância é pautada, basicamente, no que o *shopper* mais considera quando está no momento de compra de um produto.

Todo esse conhecimento irá subsidiar estratégias e táticas que podem e devem ser aplicadas ao processo de gerenciamento de espaços no PDV. E, principalmente, a aplicação do planograma de acordo com a árvore de decisão no contexto do *shopper* e das estratégias da categoria. Em relação a esse ponto, destaco um equívoco comum: profissionais do varejo e/ou da indústria que simplesmente espelham a árvore de decisão no desenho do planograma.

Como exemplo, vou utilizar o segmento de torrado e moído da categoria de cafés e vou demonstrar como a árvore de decisão está relacionada à estratégia para o desenvolvimento da categoria, bem como ela influencia a confecção dos planogramas.

Quando o *shopper* é questionado sobre como escolhe um café torrado e moído, em grande parte das vezes a resposta é marca e preço. O ponto, aqui, é que atualmente temos variantes de cafés especiais ou *gourmet*, diferenciados (orgânicos, descafeinados, grãos), que atendem às necessidades e ocasiões de consumo específicas e são consideradas uma das principais características para a escolha do tipo de café. Por exemplo, um *shopper* de produtos orgânicos não mudaria sua escolha para um café tradicional caso não encontrasse essa variante, o que, nesse caso específico, poderia fazê-lo trocar de loja.

No planograma de cafés atual, é comum encontrar o segmento dos cafés *premium* e diferenciados junto com a linha regular (tradicional), e não reservar o devido espaço e garantir um bom posicionamento para melhorar a visibilidade.

Assim, o *shopper* tem dificuldades para encontrar o que procura, impactando sua experiência de compra na loja, lembrando que a categoria tem tamanho de médio a grande, ocupando cerca de oito módulos em um corredor de supermercado.

Na prática, no processo de gerenciamento de espaços e desenho do planograma, a partir do conhecimento da árvore de decisão, o recomendado é segmentar essa linha de cafés premium e diferenciados. Esse fator é determinante e estratégico para aumentar a penetração do segmento, facilitar a comparação entre produtos da mesma linha e promover o *trade up* (venda de produtos com maior valor agregado com apelo *gourmet*), pois segue uma estratégia traçada para categoria e não, simplesmente, o espelhamento dos principais atributos da árvore de decisão citados anteriormente.

Outro ponto importante é que a categoria possui diferentes processos decisórios, de acordo com o tipo de café: torrado e moído, solúvel, cappuccino, cápsulas e café com leite, pois essas variedades encontram-se em níveis de maturidade e inovação bem diferentes. Dessa forma, o gerenciamento de espaços deve ser realizado de modo a desenvolver a categoria, ou seja, facilitar esse processo.

Em resumo, seja para a indústria e/ou o varejo manterem-se competitivos diante das mudanças no comportamento, a compreensão dos hábitos e atitudes do *shopper* e o conhecimento da árvore de decisão dele geram insights valiosos para o desenho de soluções de compra e a gestão de espaços no PDV.

*Diogo Alves é gerente de Shopper Marketing e Gerenciamento por Categorias do Grupo 3 Corações

A sua gôndola estica? *Raphael Figueira Costa*

O espaço que cada produto ocupa na gôndola deve ser compatível com o giro para evitar rupturas

Foto: AdobeStock

3. O que cabe na sua gôndola?

Ruptura e sortimento

A ruptura possui diversas causas, que incluem variáveis internas e externas e fogem do controle do supermercado. Por isso, é recomendável que as rupturas sejam agrupadas não apenas pelo tipo, mas pela área responsável por tratá-las:

- Ruptura comercial: o produto não está na gôndola, nem no depósito da loja e/ou no depósito central;
- Ruptura logística: o produto não está na gôndola, nem no depósito da loja, mas está no depósito central;
- Ruptura presencial: o produto está na gôndola, mas, devido à confusão da exposição, o *shopper* não o encontra. Essa ruptura dificilmente consegue ser aferida;

- Ruptura operacional: o produto não está na gôndola, mas está no depósito da loja.

A ruptura possui diversas causas, que incluem variáveis internas e externas. Por isso, deve ser agrupada pela área responsável por tratá-la.

Para efeito de gestão de espaços no ponto de venda, a ruptura operacional ganha relevância, uma vez que o produto já está no depósito da loja, isto é, os prazos de pagamento e de validade já estão contando e é necessário possibilitar sua exposição com o máximo de urgência.

De acordo com minha vivência em varejistas, é comum identificar índices da ordem de 15% a 20% referentes à ruptura operacional. Isto é, 20% dos SKUs comprados e presentes no depósito da loja não foram para a área de vendas. Isso significa que boa parte do estoque comprado não está tendo oportunidade de ser vendido e que, possivelmente, o boleto vai vencer antes de ele sequer ter tido oportunidade de ser comprado. Na prática, o resultado é que existe uma grande chance de o supermercado precisar pagar seu fornecedor com seu próprio caixa, no lugar de utilizar o dinheiro da venda do produto.

Pare e pense: será que estamos olhando para a ruptura na loja da forma adequada?

Pergunte a qualquer comprador de supermercado, obviamente daqueles que não possuem um processo de gerenciamento de espaços, quais são os critérios que ele usa na hora de adquirir uma nova linha de produtos. Normalmente, ele vai responder que o produto combina com seu cliente, o preço e a margem são adequados ou que a condição comercial é atraente. Portanto, ele compra o produto baseado em questões comerciais, sem pensar antes se o item vai caber na gôndola ou como será exposto.

Quando a mercadoria chega ao estabelecimento, é comum escutarmos do pessoal da operação que eles gostariam que o comprador descesse para mostrar como incluir mais uma linha de produtos numa gôndola repleta e já saturada de itens.

No fim do dia, este é o início de diversas falhas que vemos diariamente na operação: ruídos na relação da loja com a área comercial, gargalos logísticos de excessos e faltas de estoque, problemas de caixa e de fidelização de clientes.

Mas quais são as raízes disso? Ao observar o processo de cadastramento de um novo item em um supermercado, normalmente, ele segue o seguinte fluxo:

Processo padrão de inserção de novo produto

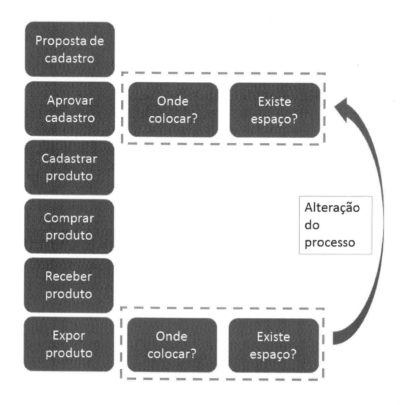

Fonte: Figueira Costa

Seguindo essa lógica, apenas quando o produto chega à loja é que se verifica se há ou não espaço disponível na prateleira e onde ele será colocado. Portanto, é como se o comprador fizesse o pedido de olhos vendados. E, normalmente, é a partir daí que uma série de problemas acontecem e o varejista fica correndo para apagar incêndios, sem se dar conta de qual é a raiz desse efeito dominó que prejudica todo o negócio.

Para ter uma ideia da dimensão disso, aqui estão os principais reflexos:

1. A loja reclama que não existe espaço físico para abastecer o produto e que o comprador cadastra itens demais. E, sim, isso ocorre, uma vez que ele desconhece se, de fato, há espaço físico para mais uma linha de produtos;

2. A área comercial reclama que o resultado é ruim porque a loja não expõe os produtos que ela comprou. Mais uma vez, isso acontece porque a gôndola está abastecida quando a mercadoria nova chega e, por isso, é preciso aguardar a venda do que já está em exposição para encaixar aquilo que é novidade na gôndola;

3. A área de logística não acerta a quantidade de mercadorias que deve ser enviada para a loja: ora há excesso, ora há escassez de mercadoria. Lógico: como os algoritmos de distribuição vão calcular corretamente, se a base de cálculo dos espaços disponíveis para os produtos em gôndola está errada e sempre mudando?;

A sua gôndola estica? *Raphael Figueira Costa*

4. O departamento de Recursos Humanos não consegue contratar repositores de gôndola com experiência para o trabalho, uma vez que esse cenário exige especialistas em *merchandising*. É importante mencionar, brevemente, que *merchandising* é uma ferramenta de marketing responsável por estimular a venda de produtos e serviços por meio da forma como as mercadorias são expostas.

Portanto, quando se fala em gestão de espaços, a definição do sortimento, além de selecionar itens que o *shopper* quer, deve dimensionar se, de fato, aqueles produtos que estão sendo adquiridos pelo comercial serão encontrados pelo cliente no timming perfeito tanto para ele quanto para a operação e a lucratividade do negócio.

Sabemos que não se trata de uma tarefa fácil. Afinal, a pressão para oferecer novidades e se diferenciar é imensa. Somente em 2018, mais de 18 mil novos SKUs foram lançados no mercado brasileiro. Isso representa, aproximadamente, 30% mais novos itens, ante 14 mil itens descontinuados, segundo pesquisa da Nielsen[14].

. Mas, como todo vareista deveria saber: "a gôndola não estica".

Então, primeiramente, deve-se partir da seguinte premissa: todos os itens cadastrados e ativos devem ser expostos na loja caso contrário, eles não devem ser cadastrados. Esse é o primeiro passo para gerenciar seus espaços.

Quando há mais itens do que espaço disponível nas prateleiras, ocorre o hipersortimento. Os principais impactos negativos dele são:

---

14   Nielsen, 2019 e Perspectivas para 2020: acompanhando a retomada do crescimento, 2020.

1.   Impacto logístico: o fato de o espaço dos produtos sofrer constantes alterações, seja por falta de definições claras de espaço ou porque, às vezes, determinado produto é exposto e outras não, distorce o histórico de vendas, bem como a base de cálculo das ferramentas de *Warehouse Management Sistems* (WMS). Isso faz com que o sistema não trabalhe de forma eficiente, gera excesso de determinados itens e falta de outros na loja;

2.   Impacto financeiro: uma vez que o fornecedor fatura a mercadoria e emite um boleto para a loja, o prazo de pagamento já está correndo. Sabemos que ter um ciclo financeiro adequado, ou seja, vender a mercadoria e receber do cliente antes de pagar o fornecedor, é determinante para o sucesso de todo negócio. Dessa forma, é possível operar valores extremamente altos de dinheiro sem ter a necessidade de grandes volumes de capital de giro. Assim, quando compramos a mercadoria e ela não é exposta e, consequentemente, não é vendida, muitas vezes temos que pagar o fornecedor antes de receber do cliente. Isso demanda volumes de caixa elevados para manter a operação e drena recursos que seriam usados para outras necessidades;

3.   Impacto comercial: além de imobilizar capital de giro em um estoque desnecessário, o excesso de sortimento distorce os dados comerciais, dificultando a tomada de decisão na hora da compra, com base na performance dos itens;

A sua gôndola estica? *Raphael Figueira Costa*

4. **Impacto operacional:** o excesso de itens cadastrados causa inúmeros transtornos para a área de operações, que vão desde a dificuldade para expor todos os produtos nas prateleiras até perdas por validade.

Além dos impactos para o negócio, há também para o cliente. O excesso de sortimento dificulta a exposição do item na gôndola na hora certa e no local ideal e, também, a tomada de decisão do *shopper*. Isso tem uma consequência grave: a ruptura. Portanto, ainda que o item que o cliente deseja tenha sido adquirido pela loja, muitas vezes, ele deixa de ser comprado por não ter sido encontrado.

EFEITO HIPERSORTIMENTO

O hipersortimento causa ruptura operacional que impacta o resultado da empresa

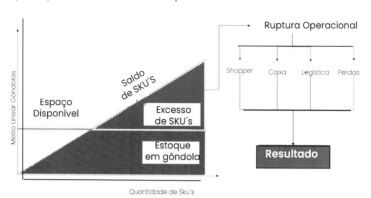

Fonte: Figueira Costa

Impactos do hipersortimento na pandemia

Por Tania Zahar Miné*

A pandemia trouxe muitas mudanças no comportamento do consumidor, que está mais exigente na escolha dos produtos e serviços, comparando preços e benefícios oferecidos pelas empresas. Diversas pesquisas publicadas em 2020 (Nielsen, Ipsos e Kantar) demonstram que, para abastecer sua despensa, o *shopper* está buscando segurança, lojas próximas, agilidade, praticidade e, sobretudo, efetividade na compra. Há um certo pragmatismo na hora de escolher a loja e os produtos a ser comprados, reforçando a necessidade de cumprir a missão de compra sem correr riscos ou perder tempo.

Outra questão relevante a ser considerada é a atenção do consumidor, que se tornou ainda mais impactada em 2020, seja pela enorme quantidade de informação publicada sobre a Covid-19, pela rápida digitalização da vida em si ou pelas restrições impostas, como, por exemplo, o isolamento social, o fechamento de parte do comércio e o uso de máscaras.

Assim, o impacto nos hábitos de compra é visível; a atenção do *shopper* está desfocada, uma vez que o próprio uso da máscara, somado ao receio de contaminação, alteram os sentidos humanos e a percepção.

O *shopper* está reaprendendo a comprar nesse novo cenário. Por isso, as empresas devem reforçar ações no sentido de facilitar a vida dele, para que possa realizar a compra de forma rápida e eficaz.

Isso prevê cuidados redobrados para evitar as chances de hipersortimento, que causa impactos negativos tanto para o *shopper*, ao dificultar a escolha dele, quanto para a gestão das lojas: estoques e custos mais altos e quase sempre maior chance de ruptura.

Numa época em que a atenção dos consumidores é disputada a cada instante, o lema deve ser facilitar a escolha por meio de soluções que levem em conta o sortimento e a visibilidade dos produtos nas lojas, para minimizar o tempo e o esforço do *shopper*, para que ele possa cumprir sua missão e ficar satisfeito.

*Tania Zahar Miné é especialista em Trade Marketing e sócia-diretora da Trade Design.

Como garantir o sortimento ideal

Por Fernando Guides*

O sortimento ideal deriva de estratégias internas de cada agente varejista, sobretudo do posicionamento mercadológico que aquele determinado *player* deseja adotar a fim de atender à demanda de consumo do público-alvo, por meio de um grupo de produtos e serviços.

A definição do sortimento adequado é de suma importância para o modelo de negócio entre varejo e indústria. A partir de definições previamente estabelecidas, torna-se a concentração de esforços mais colaborativa, em razão do mesmo objetivo em comum, e traz-se a elucidação para todos da organização sobre métricas propostas, contribuindo positivamente para macro e microindicadores de performance do negócio.

Há diversas formas e ferramentas para definir um sortimento ideal, a fim de promover maior interação do consumidor final com a loja e os níveis de produtos e serviços ofertados, engajando, retendo e aperfeiçoando a imagem do ponto de venda, dos itens e das marcas disponíveis perante o *shopper*.

Será que, de fato, sabemos gerenciar o sortimento de forma estratégica perante o mercado e, principalmente, para atender a todas as necessidades de consumo e uso do *shopper*?

O primeiro passo é entender o sortimento empregado dentro de uma loja não mais como mix de produtos, mas sim como itens que são soluções para atender a demandas de consumo e ao uso de diversos públicos, hábitos de uso e de diferentes tipos.

Usaremos, a título de modelo, a categoria de cafés, que possui elevada penetração nos lares brasileiros e alta frequência de compra.

Por onde começar?

- Identificar *share* valor x *share assortment* x *share financial* x *share presence*

Racional de Análise de Sortimento

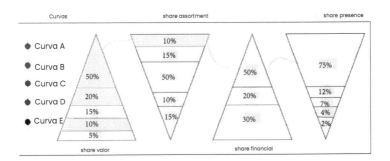

Na figura acima, conseguimos identificar uma perspectiva triangular com quatro elementos, destacados a seguir:

- 1º elemento: *Share Valor* – é a composição da receita de vendas da categoria, já estruturando seus resultados em Faturamento, Lucro em Contribuição e Volume Comercializado na cesta de compras dos clientes;

- 2º elemento: *Share Assortment* – carrega consigo a participação nos resultados da categoria e o nível do mix endereçado na cesta de compras, do total de SKUs disponíveis para comercialização, e quantos deles representam a participação no resultado geral da categoria;

- 3º elemento: *Share Financial* – emprega o sortimento dentro de uma visão financeira de resultados, o quanto seu sortimento está comprometido com estoque, com fluxo de caixa e, principalmente, o quanto dele é vendido antes do pagamento do boleto, para maximizar o retorno investido da categoria;

- 4º elemento: *Share Presence* – um dos mais relevantes elementos, resulta da equação da presença do sortimento na cesta de compras do consumidor e o quanto seu sortimento participa na compra do *shopper* cada vez que ele vai à loja.

Analisando os gráficos, podemos ver que:

- 10% do mix (*share assortment*) é responsável por 50% das vendas (*share valor*);

- 50% do sortimento (*share financial*) de toda categoria é comercializado antes do prazo de pagamento concedido pelo fornecedor (giro de estoque positivo), 20% pertencem à curva B e 30% às demais curvas; são financiados pelo varejista, uma vez que são comercializados em um prazo muito superior ao concedido pelo fornecedor na compra do produto;

- 75% da curva A está presente na cesta de compras do consumidor (*share presence*), que pode ser aferido pelo CRM ou pelo tíquete-médio de cada um, enquanto a curva E possui apenas 2% de aderência;

- Em exclusivo na curva C, temos 15% de participação nas vendas, 50% de participação no mix e sortimento com 7% de presença na cesta de compras do *shopper*.

Diante disso, começamos a entender e assimilar a característica do mix de produtos em quatro grandes elementos, que são bases para o varejo.

Em linhas gerais, para se ter uma abordagem que sustente, a longo prazo, a visão de sortimento como diferencial competitivo e ter a missão de suprir todas as necessidades de compra como principal bandeira, é preciso entender os papéis de cada categoria para compor um sortimento que faça sentido. Aqui, é muito importante diferenciar sortimento ideal.

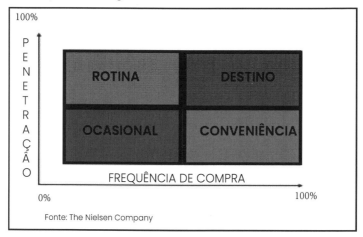

Fonte: The Nielsen Company

O eixo Y, representado por penetração, mensura o nível de aderência do *shopper* à categoria. Penetração é o valor expresso, em números absolutos, do total de observações de clientes que compraram a categoria, ao menos uma vez, em um determinado período. Exemplo: se de 1.000 clientes ou lares 900 compraram a categoria, sua penetração é de 90%.

O eixo X, representado no plano acima por frequência de compra, é o número de vezes que o *shopper* visita a loja e tem interação com a categoria. Ou seja, que ele compra a categoria. A mensuração correta para a obtenção da frequência de compra dá-se entre as análises de área e região da composição do número de oportunidades de idas à loja. Exemplo: se, de 900 clientes, o número de oportunidades de ida à loja for "X" e eles frequentam o local 1/4 deste "X", a frequência, logo, será de 25%.

Nesse cruzamento, utilizando as escalas de 0 a 100, percebemos que, numa penetração de 90% e numa frequência de 25%, temos uma categoria com papel "rotina". O grande ponto aqui é entender, traçar objetivos para movimentar e ampliar a frequência de compra, uma vez que a penetração já está em níveis absolutos relevantes, fazendo uma categoria tornar-se de "rotina para destino".

Em linhas gerais, após entender todo o papel da sua categoria, é de grande valia determinar as estratégias que você irá explorar para imprimir suas estratégias no PDX, como algumas recomendadas pelo ECR em destaque:

• **Gerar Caixa & Contribuição:** posicionamento totalmente ligado a fomentar e explorar o crescimento da categoria em valor a partir do faturamento incremental, evidenciando itens de alto consumo que valorizem os pilares de valor adicional por meio dos produtos que a compõem;

• **Ampliar Tráfego:** aumentar o número de consumidores que interagem com a categoria, educando novos *shoppers* a consumi-la e promovendo seu melhor funcionamento para os *shoppers* atuais;

• **Aumentar os Níveis de Transação:** promover o *trade-up* das categorias, incluindo novos itens na cesta de compras, a partir de propor novas experiências ao *shopper*;

A sua gôndola estica? *Raphael Figueira Costa*

- **Proteger Território:** eliminar possibilidades de motivações de consumo em outros canais de compras.

Após garantir a compreensão dos papéis das categorias e suas estratégias, entender o perfil de consumo e as necessidades do seu *shopper* e propor soluções que vão ao encontro de uma jornada de compras mais agradável, é necessário revisar os modelos racionais de exposição em loja, para fazer sentido implantar as novas métricas no PDV. Um grande exemplo é o destaque na página a seguir.

Desta forma, entender o impacto que estas variáveis geram umas nas outras e equilibrá-las na hora de definir o sortimento é o que garantirá um sortimento lucrativo e a fidelização do *shopper*.

*Fernando Guides é Gestor de Inteligência Comercial do Dalben Supermercados

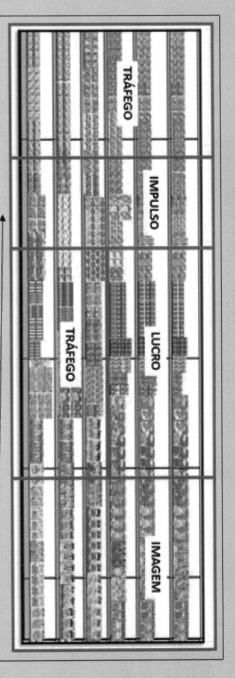

Sortimento ideal e estratégias da categoria endereçadas ao racional de exposição por meio de planograma

Fonte: The Nielsen, Company.

A forma de exposição dos itens na gôndola impacta diretamente o resultado do negócio

Foto Shutterstock

4. Sua forma de gerir espaços é eficiente?

Gestão de espaços em loja: uma visão pragmática

Tanto a gestão de espaços em loja – a forma como o sortimento, isto é, as mercadorias são distribuídas e agrupadas na área de vendas – quanto o processo de reposição de mercadorias são atividades que compõem a essência da atividade do supermercadista e fazem parte do dia a dia dos estabelecimentos do varejo alimentar.

Como vimos, a gestão de espaços em loja pode ser dividida em duas partes: a gestão de macroespaço é voltada a definir como os mobiliários e as categorias serão distribuídos na loja; por sua vez, a gestão de microespaço ou planogramação é voltada à forma como os produtos estarão organizados nas prateleiras.

O supermercadista pode optar por iniciar o

processo de gestão de espaços em loja tanto pelo macro quanto pelo microespaço. Quais as vantagens e desvantagens?

Ao iniciar pelo macroespaço, o varejista tem como vantagem dispensar a necessidade de criar uma base de dimensões e imagens de produtos, uma vez que trabalhará apenas a disposição e o espaço destinado para cada categoria nos mobiliários da loja. Os critérios de avaliação, no caso, são: volume, rentabilidade, faturamento e até mesmo o cruzamento de metas ou de resultados de uma loja referência ou grupo de lojas.

Em contrapartida, qualquer alteração no *layout* pode representar um grande volume de trabalho operacional na loja. Se tais mudanças não forem bem planejadas, podem dar bastante dor de cabeça para que todos os itens sejam encaixados de volta em seus lugares.

Caso o supermercadista decida iniciar pelo microespaço, ou seja, pelo planograma, o trabalho promete ser menos intenso na hora de ajustar o *layout*. Entretanto, como ter as dimensões dos produtos e mobiliários é mandatório para poder planogramar, é necessário efetuar um trabalho de coleta desses dados, além de criar uma base de dimensões e imagens de produtos para iniciar o processo.

Outro ponto de atenção recai sobre o ajuste do fluxo de cadastro ao novo processo. Isso, muitas vezes, demanda, por parte da área comercial, algumas adaptações. A área comercial passa a ter que validar o espaço antes de cadastrar um novo produto, coisa que, normalmente, não ocorre quando não se gerenciam espaços.

Em contrapartida, uma vez vencidas as etapas iniciais, as intervenções tornam-se mais fáceis, pois as alterações do *layout* de produtos são feitas dentro do espaço da categoria, em um mix limitado de itens. Com isso, é possível obter resultados expressivos para reduzir ruptura e, por consequência, aumentar vendas e margem.

Dependendo do objetivo a ser alcançado, a gestão do microespaço pode ser feita por meio de racionais de exposição construídos a partir de ferramentas do cotidiano, como Excel e Power Point, ou por meio de ferramentas de planogramação profissionais que oferecem análises e suporte tecnológico para lidar com grandes volumes de planogramas.

Racionais de exposição compõem o meio-termo entre gestão de *layout* e planograma. Trata-se de uma representação da gôndola e das prateleiras em que, em vez de alocar produtos específicos, são agrupadas caixas de texto informando apenas o tipo/a categoria e/ou a subcategoria de produtos que devem ser expostos ali. Exemplificando: detergentes líquidos, detergentes concentrados ou marca 1, marca 2.

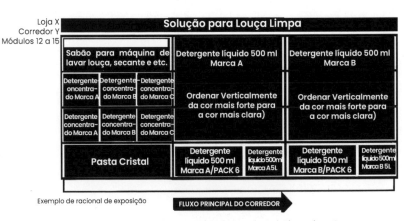

A sua gôndola estica? *Raphael Figueira Costa*

Apesar de ser possível iniciar o processo de gestão de espaços com racionais de exposição, dependendo do tamanho do varejista, uma ferramenta de planogramação profissional pode adiantar muito o processo, além de permitir ganhos quantitativos, principalmente relacionados às áreas de logística e *supply*.

Ademais, quando a gestão de espaços é feita de forma empírica, o risco de falhar é alto. Isso acontece porque os funcionários das lojas encarregados desse processo, na maioria das vezes, não dispõem de dados suficientes para tomar as melhores decisões, uma vez que não participam da negociação comercial. Portanto, eles não têm acesso a dados de margem, giro e faturamento, o que dificulta uma tomada de decisão correta no ponto de venda.

Basicamente, o gerenciamento de espaços em loja deve ser orientado no sentido de fazer uma verificação prévia de espaço disponível em loja para um novo item, o posicionamento dele nas prateleiras e qual mercadoria ocupará o lugar que sobrou antes dos processos de ativar ou não um produto para compra.

Para saber se sua ideia de gestão de espaços em loja é eficiente, responda:

- Os produtos estão organizados da forma correta na gôndola?
- A quantidade de frentes dos produtos está adequada ao giro de cada um deles?
- Estou posicionando os itens da forma correta nas prateleiras, levando em consideração o resultado que cada item gera para o meu negócio?

- As categorias estão distribuídas na loja de forma estratégica, possibilitando evitar zonas frias?
- Qual a exposição "ótima" que vai gerar o melhor resultado para o meu supermercado?
- O sortimento é eficiente e determinado com base nos hábitos do *shopper*?
- Quanto essa exposição, possivelmente, vai trazer de resultado para o negócio?
- Como vou garantir que os planogramas sejam implementados?
- De que forma vou compartilhar as diretivas com as áreas relacionadas (logística, comercial e operação)?

Na gestão de espaços em loja, o planograma não pode ser um mero desenho inerte da gôndola, mas um canal de comunicação vivo. Trata-se de uma representação gráfica que orienta, de forma clara e objetiva, o posicionamento dos produtos em detalhes, isto é, quantas frentes cada item deve ter, além de regular a entrega e o cadastramento de novas mercadorias.

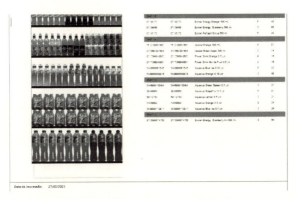

O planograma deve traduzir a estratégia de venda de cada produto

A sua gôndola estica? *Raphael Figueira Costa*

Assim, na gestão de espaços em loja, um planograma deve ser uma resposta às perguntas abaixo:

- Como devo agrupar os produtos no ponto de venda?
- Quantas frentes de cada produto devo ter para reduzir a ruptura operacional?
- Qual o melhor local para posicionar os produtos, levando em consideração o resultado que eles entregam?
- Qual a estimativa de resultado que terei com essa exposição?

Uma ferramenta de planogramação profissional pode responder rapidamente a tais questões. Além disso, esse tipo de solução é capaz de replicar um ponto de venda com todas as suas características, mantendo as proporcionalidades entre a dimensão de mobiliário e a dos produtos. E, também, auxilia o profissional de planogramação a construir diretrizes eficientes e preparar o terreno para outras tecnologias e metodologias.

Baseado na experiência que adquiri, atendendo mais de 100 clientes dentro e fora do Brasil, entendo que, para um processo de planogramação profissional, ou seja, um *software* de planogramação funcionar mesmo, não basta apenas adquirir uma ferramenta para isso, conforme veremos no capítulo a seguir.

É comum vermos, no mercado, muitas redes de supermercado que já tiveram experiências não muito agradáveis com esse processo, ou por terem muita pressa para enxergar os resultados ou por não terem sido bem instruídas pelo fornecedor da solução de planogramação sobre o que deve ser feito para que o processo funcione corretamente e traga os resultados desejados.

De acordo com minha vivência, a adoção de uma solução de planogramação demanda muito foco e comprometimento do supermercado como um todo, bem como apresenta uma curva de aprendizado relativamente longa – não pela complexidade de utilização da ferramenta, mas pela natureza do negócio.

Supermercados são empresas feitas, essencialmente, de pessoas que precisam estar envolvidas em cada processo do negócio de que fazem parte. Primeiro, para entender o porquê do processo e o reflexo dele para suas áreas; segundo, para se sentirem motivadas a fazer parte, comprar a ideia e contribuir para o sucesso dessa empreitada.

Então, primeiramente, o presidente do supermercado e, também, as diretorias e a gerência devem entender os benefícios do processo para suas áreas, a importância desse processo para o negócio e os ganhos que ele trará a médio e longo prazos.

Uma rede de supermercados que possui um processo de gestão de microespaço ou planogramação, com o devido engajamento das áreas, suporte e ferramentas adequadas, consegue obter ganhos expressivos em toda operação.

No momento da compra, o comprador passa a ter vantagem em suas negociações, uma vez que tem controle sobre a forma correta de expor os produtos à distância de um clique.

Na logística, é possível reduzir a quantidade de atualizações de capacidades de gôndola necessárias para o bom funcionamento do *software* de distribuição até a área de vendas.

Na execução, no ponto de venda, os ganhos acontecem, uma vez que os profissionais responsáveis por repor as mercadorias nas prateleiras recebem orientações objetivas sobre como os produtos devem ser abastecidos.

Sendo a direção do supermercado capaz de dimensionar os benefícios do uso de soluções de planogramação, passando a apadrinhar o projeto, o próximo passo é o engajamento das demais áreas: comercial, operacional, TI, logística e Recursos Humanos, pois até a forma de selecionar e treinar os funcionários da loja vai mudar.

Aqueles paradigmas de que só o gerente da loja sabe como vender os produtos no ponto de venda e que a área comercial pode cadastrar qualquer item que julgue interessante precisam ser modificados. Além das responsabilidades inerentes à atividade que desempenha, a equipe comercial necessita assumir a tarefa de verificar e definir, em conjunto com a área de inteligência ou de gerenciamento por categoria (GC), se existe espaço para cadastrar mais uma linha de produtos. E, também, qual item vai ocupar o lugar daquele que foi excluído do cadastro. Isso porque, conforme já exposto no capítulo anterior, o espaço de prateleira não estica: ele é finito.

Por sua vez, a área de operações precisa ter em mente que, uma vez adotada uma solução de planogramação, ela não deve mais criar exposições nas prateleiras com base no seu conhecimento da loja. Isso porque ela não participou do processo de definição da estratégia de posicionamento do produto, não conhece a margem nem o papel que o novo item tem na expectativa de crescimento em vendas. Ela deve estar, sim, disposta e preparada para executar com maestria a exposição previamente definida pelas áreas que detêm essas informações.

Não estou dizendo, aqui, que a área comercial e a de operações não possam contribuir entre si. Assim como numa corrida de revezamento, a passagem do bastão deve acontecer de forma sincronizada, para que cada um faça a sua parte do processo, garantindo que toda a empresa esteja correndo para a mesma direção, rumo à linha de chegada.

A participação da área de TI da empresa também é de extrema importância para o bom andamento do processo. Existem formas automatizadas de fazer buscas na base de dados do supermercado que possibilitam a criação de regras que permitem tornar o trabalho do planogramador muito mais fácil. Isso evita que seja necessário manipular dados manualmente para poder alimentar a ferramenta de planogramação.

No caso da área de Recursos Humanos, a adoção de uma solução de planogramação dispensa a necessidade de contratação de especialistas em *merchandising* com experiência prévia para trabalhar na reposição. Basta selecionar pessoas com boa vontade – isso amplia as opções na hora de contratar colaboradores.

Uma vez que a etapa do engajamento está resolvida em todas as esferas da empresa, é hora de revisar alguns processos internos, como: cadastro, parametrização logística, instruções sobre como tratar problemas de ruptura de produtos,

produtos descontinuados etc.

É muito importante ter esses processos definidos para todos os envolvidos no processo, de preferência formalizados com um documento que especifique detalhadamente como agir em cada uma dessas situações.

Em paralelo, é necessário criar a base inicial de dimensões e imagens de produtos e dos mobiliários. Antigamente, esse processo demandava que alguém fosse até a loja com um computador em cima de um carrinho de supermercado, além de uma extensão de 50 metros para que pudesse coletar as informações e formar sua base de imagens e dimensões.

Atualmente, já existem soluções voltadas a formatar e disponibilizar bases de dados de produtos com características como imagens, dimensões, informações nutricionais etc. para os varejistas. Embora o acesso dos varejistas seja gratuito, o mesmo não acontece com as indústrias, que precisam pagar para manter seus produtos atualizados nessas plataformas. Isso, de certa forma, limita o acesso de fabricantes regionais.

Para contornar essa situação, existem aplicativos que permitem coletar dimensões de produtos e mobiliários e editar imagens dos itens no próprio aparelho celular. A partir dessas informações, são criadas bases de dados para alimentar diversos *softwares* de planogramação, possibilitando, em alguns casos, inclusive, construir realogramas – planogramas da situação atual da loja – de forma automática. Isso reduz muito o tempo para dar início ao processo de planogramação.

Outro aspecto muito importante é formalizar o processo de cadastro de produtos de modo que sempre que alguma alteração de mix ocorra, o planograma seja alterado e encaminhado às lojas com prazo adequado para sua correta execução no timming previsto.

Para que um supermercado tenha um processo de gerenciamento de espaços, não necessariamente ele precisa fazer grandes investimentos para adquirir ferramentas de planogramação. Existe uma infinidade de ferramentas de planogramação acessíveis, disponíveis no mercado a partir de um clique, e que podem ser parceladas no cartão de crédito. Contudo, embora elas sejam muito parecidas, muitas não são maduras o suficiente para uso profissional em supermercados. Daí a importância de conhecer a fundo o seu negócio e o tipo de solução ideal para ele.

Exemplificando: uma ferramenta profissional de planogramação para supermercados deve levar em consideração que, dependendo do tamanho da rede, no futuro, será necessário escalar a produção de planogramas. Uma rede com aproximadamente 20 lojas, cada uma com área de 2 a 4 mil metros quadrados, tende a gerenciar em torno de 3 a 4 mil planogramas, que são atualizados sempre que existe alteração de produtos ou necessidade de reavaliação do mix. Essas atualizações podem tornar-se um pesadelo, caso a ferramenta não permita efetuar a manutenção de grandes volumes de planograma em lote.

Outra vantagem desse tipo de solução profissional é permitir que o próprio varejista tenha liberdade para operar o *software* e, dessa maneira, ganhar autonomia para tomar suas próprias decisões.

A sua gôndola estica? *Raphael Figueira Costa*

Antes de encerrar este capítulo, gostaria de fazer uma ressalva. A gestão de espaços em supermercados é uma das etapas do processo de gerenciamento por categoria (GC), metodologia concebida por Brian Harris[15] na década de 1980. Embora o gerenciamento por categoria seja uma metodologia que, comprovadamente, gera resultados muito expressivos, infelizmente, nem todas as categorias de um supermercado são consideradas gerenciáveis pela sua ótica.

Exemplificando: nesse contexto, as indústrias assumem um papel de desenvolvedoras das categorias, trazendo *insights* e pesquisas que ajudam a aumentar o resultado de uma determinada categoria como um todo e, com isso, participar desse ganho.

Para que seja possível fazer o GC, na sua essência, é preciso que existam três situações:

1. Que exista um capitão de categoria capacitado para apoiar o processo;

2. Que existam informações de mercado e do *shopper* suficientes para embasar parte das decisões relativas ao mix e ao sortimento;

3. Que a categoria tenha uma venda relevante o suficiente para pagar o investimento em horas de trabalho da equipe de inteligência comercial no processo de GC dela. Portanto, a grande maioria das categorias

---

15 Dr. Brian Harris é considerado o criador do Gerenciamento por Categoria (GC). É especialista em *Shopper Marketing*, fundador e chairman do The Partnering Group.

comercializadas em um supermercado não atendem as essas situações.

Dessa forma, para todas essas categorias, a opção é a gestão de espaços em loja. Isso, no entanto, não exclui a importância do GC nem que esse processo pode ser feito em conjunto com a gestão de espaços.

No fim do dia, é uma questão de quanto vai se aprofundar nas análises de cada categoria, pois o produto final é o mesmo: o planograma. Exemplificando: o nível de profundidade nas análises da categoria de biscoitos é diferente da de fermentos. Em biscoitos, justifica-se realizar um processo de GC. Já na categoria de fermentos, um processo de gestão de espaços costuma ser suficiente.

Outra ressalva importante é que o processo de gestão de espaços deve estar alinhado a ações de *merchandising*. Trata-se de uma ferramenta de marketing extremamente eficiente para uma atividade como a de supermercados em que, como já mencionado, quase não há vendedores.

Da mesma forma que as técnicas de venda são diretrizes para outros tipos de lojas de varejo, como *shopping centers* e concessionárias, o *merchandising* é fundamental para o supermercado ao fornecer subsídios para dominar a arte de vender por meio da exposição[16].

---

16   De acordo com Regina Blessa, em sua obra *Merchandising* no ponto de venda, "*Merchandising* é qualquer técnica, ação ou material promocional usado no ponto de venda que proporcione informação e melhor visibilidade a produtos, marcas ou serviços, com o propósito de motivar e influenciar as decisões de compra dos consumidores".

A sua gôndola estica? *Raphael Figueira Costa*

A importância do envolvimento das áreas para o sucesso do processo de planogramação

Por Evandro Moraes*

Obter alta performance no trabalho, muitas vezes, não necessariamente dependerá somente das suas ações. Muitos acabam falhando quando encaram suas atividades de trabalho como algo individual, sem a necessidade da coletividade, e acham que suas entregas, de fato, serão um fator primordial para alcançar os devidos resultados dentro de uma companhia. Veja bem, não é assim que a "banda toca".

É necessário envolvimento, comprometimento e engajamento dos departamentos envolvidos para ter o sucesso esperado, mas como fazer isso acontecer?

Antes de abordar dicas sobre como envolver as áreas de maneira assertiva, com foco no processo de planogramação, gostaria de citar uma situação em que o processo foi marcado por ruídos na comunicação que acarretaram fortes atritos entre os departamentos comercial, de operações e de gerenciamento por categoria (GC), além dos fornecedores.

Em março de 2020, em uma das redes de supermercado pelas quais passei, estávamos obtendo grandes resultados após a criação de um processo de gestão de espaços. As mudanças acarretaram um grande excesso de confiança e, por consequência, o foco necessário no organograma ficou em segundo plano, assim como as devidas cobranças a alguns colaboradores-chave para as tarefas, achando que eles já estariam fazendo por eles mesmos.

Esse foi nosso maior erro. Numa determinada manhã, na abertura da loja, deparamo-nos com a categoria de desodorantes 100% vazia. Todos os SKUs estavam armazenados nos carrinhos de compras. Os clientes, perplexos. Resumindo: um completo caos instalado!

Tudo isso aconteceu porque o gerente da loja não foi avisado sobre a data da reorganização da gôndola (virada de categoria). Apenas um funcionário do fechamento sabia disso e, por isso, tirou o produto da gôndola. Para completar, o repositor da seção estava de folga naquele dia e, também, não havia promotores da indústria para executar o trabalho, uma vez que não houve um acordo prévio formalizado com os fornecedores.

Sendo assim, ficamos uma grande parte do dia sem vender os produtos, causamos transtornos aos clientes e, por conta disso, tivemos grandes atritos entre as áreas.

Após aprender essa lição, ficou evidente que, independentemente do nível em que sua empresa atua com GC, a receita do bolo deve ser executada passo a passo, virada a virada.

Frequentemente, a falta de boa sinergia e estratégia pode causar o fim de um departamento. Portanto, como seguir um plano obtendo sucesso e grandes resultados? A seguir, vão algumas dicas.

Além de envolver todas as áreas do negócio – marketing, operações, *trade marketing*, Recursos Humanos, cadastro, CRM e *pricing* –, o processo de gestão de espaços precisa que sua estratégia também esteja alinhada, do começo ao fim, com os fornecedores (indústria), a fim de gerar um bom Retorno do Investimento (ROI).

Também é fundamental ter um mapeamento de todas as ações que cada departamento deverá entregar, assim como dos prazos. Isso facilita o trabalho do gestor para saber com precisão as demandas realizadas e aquelas que estão pendentes.

Mas quais são o papel e a contribuição de cada área no processo? Veja:

Recursos Humanos: iniciar o processo com um *workshop* de boas-vindas para cada departamento e uma breve apresentação dos objetivos e focos de cada área, citando a importância do trabalho em equipe e de seus ganhos. Nesse dia, é de extrema importância a palavra do "padrinho do projeto", que deve ser o diretor responsável pela área ou até mesmo o CEO da empresa;

Comercial: as estratégias do planograma e do comprador devem estar 100% alinhadas, pois é o comprador quem estará encarregado de fazer as melhores negociações junto à indústria após a definição do sortimento inteligente para a categoria e seu *shopper*. Essa união entre ambos produzirá a melhor estratégia para a busca de grandes resultados;

Cadastro: é o responsável pela estrutura mercadológica. Antes de iniciar a montagem de um planograma, revise sua estrutura mercadológica para não ter surpresas ou até mesmo descontinuar um SKU injustamente, devido a uma análise equivocada;

CRM: busque no seu CRM informações estratégicas e *insights* importantes para montar sua categoria. Analise o segmento antes de sua estruturação para entender a importância das decisões que atingirão diretamente seu cliente final;

Marketing: é o departamento responsável para comunicar ao *shopper* que a categoria foi refeita e que ali existe um novo conceito de trabalho. Exponha semanalmente a categoria dentro do tabloide, crie festivais e, claro, não podemos esquecer do papel das mídias digitais e das redes sociais como ferramentas estratégicas para apresentar esse novo conceito de categoria para o *shopper*;

Pricing: dentro do planograma, existe a "percepção de preço", em que alguns produtos são mais sensíveis aos olhos do consumidor e necessitam de uma atenção especial em sua precificação. Portanto, os produtos de imagem e *cash margin* deverão estar bem posicionados e com preços competitivos perante os concorrentes. Isso é necessário para que todo esforço criado entre as áreas não acabe com o cliente reclamando da precificação da categoria. Então, analise quais são os "SKUs-chave" para a categoria e alinhe sua estratégia para melhor precificação;

Operações: além das atividades regulares do dia a dia, a equipe de operações deve garantir a execução e zelar pela manutenção do planograma;

Indústria: o racional de exposição junto à indústria é, de fato, muito importante. Consultar o capitão da categoria e entender, por meio de estudos realizados junto à indústria, qual a melhor exposição, dicas e estratégias já praticadas em outras redes etc. promete facilitar a montagem e trazer grandes entregas para o negócio. No entanto, fique atento se a proposta está de acordo com as análises e os números internos.

Diariamente, após auditar a exposição do planograma, a operação pode mandar, via e-mail, um relatório das rupturas comerciais. Isso ajuda o comercial a comprar com mais eficiência e evita a frustração do cliente de não achar o produto na gôndola devido à ruptura comercial. Crie semanalmente um fluxo de auditorias na operação para que a exposição esteja sempre de acordo com o planograma.

E, por último, deixamos para falar sobre GC. Além de estabelecer uma maior conexão entre operação e comercial, o GC terá a missão de fazer a gestão completa de todos os departamentos: comercial, operação, logística, marketing etc.

Mas, de fato, existe apenas uma forma de criar esse acompanhamento? Não! Isso varia muito para cada profissional. Minha sugestão é criar um organograma com todos os departamentos envolvidos e alinhá-lo a um calendário com as datas de começo, meio e fim bem evidentes, priorizando a ordem sequencial das áreas que iniciarão as tarefas até o último departamento responsável pela exposição final do planograma.

Acompanhe diariamente as entregas e crie um fluxograma completo a cada três dias, mostrando a evolução das ações. Caso exista alguém em atraso impedindo a evolução das atividades, aponte-o cuidadosamente, sem gerar atritos, para que, assim, o processo ande conforme o previsto.

É muito importante, após o período de mensuração, criar uma apresentação para demonstrar o resultado gerado depois da mudança e compartilhá-lo por meio de uma reunião para que ambos os departamentos entendam cada vez mais a importância de suas atividades perante a companhia.

A sinergia entre os departamentos, de fato, só acontece quando cada colaborador entende a fundo seu papel dentro da estratégia, por meio das orientações e formações. Só assim, todos caminham juntos rumo ao sucesso do processo de gestão de espaços.

Evandro Moraes é gerente de Gerenciamento por Categoria do Veran Supermercados

A sua gôndola estica? *Raphael Figueira Costa*

A escolha da ferramenta deve estar alinhada ao estágio do processo de planogramação do varejista

Foto: Getty Images Pro/Canva Pro

5. Sua solução é a adequada?

Ferramentas para planogramação e gestão de espaços

Quando um supermercadista compreende os benefícios de ter um processo de gestão de espaços acontecendo na empresa dele, é normal que o primeiro passo seja buscar um *software* para ajudá-lo nessa jornada. Tradicionalmente, essa procura é feita por meio de conversas com colegas que já trabalham com o processo ou pela internet mesmo.

Uma vez iniciada essa busca, é fácil perceber que existem diversas opções de *softwares* para gestão de espaços no mercado com diferentes faixas de preço, além de versões *on-line* ou instaladas em dispositivos como computadores, *laptops* ou *tablets*.

Independentemente da escolha, existem algumas recomendações que podem ser úteis nessa jornada e evitar muita dor de cabeça. A principal delas recai sobre o fato de que, geralmente, o processo de gerenciamento de espaços requer uma curva longa de aprendizado. Portanto, quase sempre o tempo de relacionamento com o parceiro escolhido para fornecer esse tipo de solução costuma ser igualmente extenso. Consequentemente, ele deve ser escolhido com muito critério, para evitar perda de tempo e de recursos financeiros.

Uma vez escolhido o fornecedor da ferramenta, é essencial conversar com seus clientes atuais e antigos e ex-clientes, que costumam ser um termômetro eficaz para medir a temperatura da água em que você vai entrar. Por meio desse trabalho, é possível identificar os pontos fortes e fracos do fornecedor em questão, bem como os motivos que fizeram com que ex-clientes abandonassem a parceria e, então, como será o futuro do seu relacionamento com eles.

O papel desse parceiro deve ser ajudar você a tomar a melhor decisão para sua necessidade atual. Isso porque a necessidade de funcionalidades de um supermercado que está iniciando o processo de gestão de espaços, tradicionalmente, é diferente da de um estabelecimento mais adiantado. Logo, evite adquirir ferramentas que entregam muito mais do que você precisa no momento, pois, possivelmente, grande parte das funcionalidades não serão utilizadas e, certamente, haverá perda de dinheiro.

Dessa forma, é vital escolher um parceiro que entenda, de fato, do assunto para ajudar a definir a melhor ferramenta para o perfil do seu negócio e que, ao mesmo tempo, possa oferecer versões com diversos níveis de funcionalidade também. Assim, à medida que o processo de gestão de espaços evolui, o parceiro terá condições de acompanhar e evitar que o supermercadista necessite de uma troca de ferramenta, que poderá gerar incompatibilidades e outros transtornos.

Outro ponto importante, antes de abordar as propriedades das ferramentas de gestão de espaços, é entender o que acontece depois de assinar o contrato, como é feito o processo de implantação da ferramenta. Nesse ponto, é imprescindível que o parceiro escolhido não apenas comercialize a ferramenta, mas também auxilie a implantar o processo de gestão de espaços.

Pode parecer desnecessário fazer esse alerta, mas é muito comum o supermercadista contratar a ferramenta apenas pelas suas funcionalidades e se esquecer de que seus processos precisam ser integrados à solução para a gestão de espaços. Conforme já abordado anteriormente, revisões e mudanças nos processos de cadastro, compras, logística, Recursos Humanos e operações, normalmente, são necessárias. E, é claro, o engajamento dessas áreas é essencial para garantir o sucesso da adoção da ferramenta. São etapas que não podem ser feitas em um ou dois dias de treinamento sobre a solução em si.

Claro que, se o processo de gestão de espaços já estiver em andamento e só demandar uma troca de ferramentas, um treinamento técnico sobre a solução e uma interface com a área de TI, para definir a melhor forma de alimentar a ferramenta de planogramação com dados do ERP do cliente, costumam ser suficientes. *Enterprise Resource Planning* é um sistema de gestão que permite acesso fácil, integrado e confiável aos dados de uma empresa.

Outro ponto de atenção quando se fala em *software* para gestão de espaços recai sobre a prestação de serviço pós-venda. É importante destacar que é muito comum só se lembrar da necessidade de suporte técnico quando já estiver usando a ferramenta. Seja para solucionar um possível bug de sistema ou apenas para esclarecer uma dúvida como, por exemplo, resolver uma determinada situação, é importante que o suporte ao usuário aconteça no idioma local e de forma rápida e eficiente. Além disso, o parceiro precisa estar realmente interessado em garantir o sucesso do cliente, afinal de contas, tempo é dinheiro.

Uma vez que as questões referentes ao parceiro que irá oferecer a ferramenta e ser responsável por sua implantação e suporte já foram abordadas, é hora de se voltar para aspectos referentes à ferramenta em si e suas funcionalidades. Nesse caso, dois pontos são vitais: o idioma e a interface com outras ferramentas de planogramação.

Como a maioria das ferramentas de planogramação profissionais é desenvolvida fora do Brasil, a opção de utilizá-las no idioma português não está disponível em muitas delas. Por mais que a pessoa que vai operar a ferramenta tenha fluência em outros idiomas, isso vai exigir uma qualificação extra para o perfil dessa função e, eventualmente, dificultar a reposição de mão de obra no caso de o profissional sair da empresa.

Além do idioma, ter uma ferramenta de plano-gramação compatível com outros *softwares* de mercado também é imprescindível no caso de se desejar estabelecer uma parceria com um capitão de categoria que, por acaso, utilize uma ferramenta diferente da sua. Isso agiliza muito o trabalho e garante que, se um dia você quiser trocar de solução, vai conseguir reutilizar todos os projetos feitos anteriormente.

Concomitantemente, é importante buscar, dentro da empresa ou fora dela, um profissional qualificado para operar a ferramenta, que tenha algum conhecimento de planilhas, processos operacionais de supermercado e *merchandising*. O ideal, então, é escolher um parceiro que ofereça programas de treinamento para os operadores do *software*.

Quanto às propriedades das ferramentas, é importante destacar que existem diferenças na utilização de soluções de planogramação pela indústria e pelo varejo. Como já falamos, as indústrias normalmente utilizarão a ferramenta para criar seus *books*[17] de exposição ou para capitanear categorias. Ou seja, normalmente, são trabalhos pontuais de desenvolvimento de categorias, o que não necessariamente necessita de um processo estabelecido e que envolva diversas áreas da empresa. Para muitas dessas indústrias, apenas uma ferramenta que possibilite a criação de planogramas em 3D ou com alta qualidade de imagens já é suficiente.

No caso do supermercadista, o cenário é bem diferente. Uma vez que ele é o dono da loja, da gôndola e dos produtos, é seu papel gerenciar seus espaços, mantendo os planogramas atualizados.

---

17   *Books* são manuais desenvolvidos pela indústria para orientar seus promotores sobre seus padrões de exposição.

A sua gôndola estica? *Raphael Figueira Costa*

Ele precisa garantir o espaço adequado, loja a loja, para cada um dos 6 a 50 mil produtos do *portfólio*, de acordo com o formato e o perfil da loja.

Apesar de ser possível obter ganhos ao iniciar o processo de planogramação utilizando racionais de exposição, sem dúvida, esse resultado positivo maximiza-se ao gerenciar os espaços no nível de produto.

E para conseguir fazer isso, não basta ter uma ferramenta para desenhar gôndolas e produtos. É primordial ter a possibilidade de inserir estratégia nos planogramas para aumentar o resultado por metro linear de gôndola, o que só é entregue por uma ferramenta profissional de planogramação.

Além de replicar graficamente e com exatidão gôndolas, prateleiras e produtos, soluções profissionais para planogramação são capazes de oferecer respostas para as seguintes questões:

- Os itens estão agrupados corretamente?
- As mercadorias estão posicionadas da forma mais lucrativa?
- A quantidade de frentes de produto está adequada ao giro de cada um?
- Qual o potencial de geração de resultado do planograma?

Adicionalmente, essas soluções são capazes de gerar relatórios que permitem análises mais aprofundadas tanto de planogramas quanto de outros dados, que devem ser compartilhados com o time de operações para sua implementação.

Conforme o processo de planogramação evolui, e a quantidade de categorias e lojas planogramadas também, é comum que mais pessoas precisem compor o time de planogramação do supermercadista para dar conta de todas as entradas e saídas de produtos. Contudo, se utilizar a ferramenta errada, esse time tende a crescer muito e o custo começa a ficar alto. Para essas situações, ter uma ferramenta que automatize parte do processo de planogramação faz toda a diferença.

Há ferramentas no mercado que possibilitam atualizar grandes quantidades de planogramas com poucos cliques. Isso ajuda a manter o custo do processo baixo e garante que os planogramas estarão atualizados no ponto de venda antes de os produtos recém-cadastrados chegarem às lojas e, ainda, possibilita análises consolidadas dos planogramas de grupos de loja ou da rede como um todo.

Existem, ainda, aqueles varejistas que trabalham com muitos itens de bazar, que geralmente têm menor frequência de venda e reposição. Exemplo: dificilmente alguém comprará talheres todo mês; a reposição do item é lenta. Principalmente nesses casos, uma ferramenta de planogramação em termos de produto não é a mais adequada, principalmente se o cliente possui lojas grandes ou com muitos itens. Isso ocorre porque, nesses casos, o investimento de tempo e de capital humano para gerir os planogramas em termos de produto passa a ser elevado em relação ao retorno.

Nesses casos, uma ferramenta de planejamento de *layout* de loja para gerenciar o macroespaço geralmente é mais adequada. Um *software* de gestão de *layout* de loja deve, primeiramente, ser fácil de operar, uma vez que não serão utilizadas por arquitetos que já têm experiência e familiaridade com *softwares* como, por exemplo, o Autocad.

A sua gôndola estica? *Raphael Figueira Costa*

Ao escolher esse tipo de ferramenta, é importante garantir que, além de desenhar as paredes e alocar mobiliários e categorias, também seja possível importar dados de performance das categorias. Tal funcionalidade torna possível identificar zonas quentes e frias da loja, bem como verificar se as categorias mais lucrativas estão posicionadas nos locais mais adequados, no sentido de estimular a circulação dos clientes e aumentar a venda por impulso.

Além de identificar a ferramenta mais adequada para cada caso, conforme o volume de planogramas vai aumentando, uma solução que permita o correto gerenciamento da distribuição das atualizações de planogramas para as lojas, bem como auditar as implementações, passa a fazer sentido também. Afinal, se os planogramas não forem executados, todo o trabalho anterior se perde.

Uma vez feitas essas considerações, gostaria de compartilhar aqui alguns diferenciais dos *softwares* comercializados atualmente pela Figueira Costa, desenvolvidos especialmente para solucionar ou evitar os gargalos descritos anteriormente.

O *Retail Floor Planner* é uma ferramenta profissional de planejamento de layout de loja que, à primeira vista, assemelha-se ao Autocad, entretanto, com um nível de complexidade de utilização bem menor. A ferramenta permite também planejar a alocação das categorias conforme sua performance e identificar zonas quentes e frias nas lojas para efetuar as devidas correções. Ela pode ser integrada ao *Retail Shelf Planner*, a fim de que o gestor de categorias possa vincular os planogramas às categorias e acessá-los direto da planta baixa.

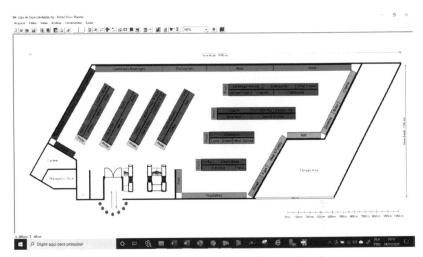

Análise de segmentação de categorias gerada pelo *software Retail Floor Planner*

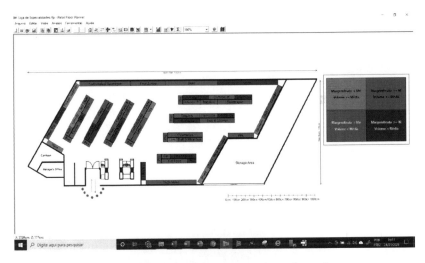

Análise comparativa de margem e volume de vendas gerada pelo *software Retail Floor Planner*

A sua gôndola estica? *Raphael Figueira Costa*

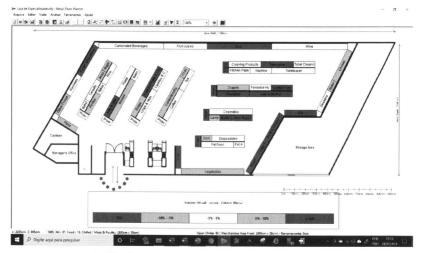

Análise de zonas quentes e frias gerada pelo *software*
Retail Floor Planner

Já o *Retail Shelf Planner* permite ao varejista criar planogramas em termos de produto e orientados por dados. O objetivo é garantir a quantidade correta que cada produto deve ter na gôndola, de acordo com o giro de cada item, e, também, o agrupamento alinhado à árvore de decisão do *shopper*. Outros benefícios são a possibilidade de analisar o posicionamento e o sortimento de produtos e simular o resultado de cada tipo de exposição. É uma ferramenta completa e de custo acessível para médios e grandes varejos.

Imagem de um planograma construído
pelo s*oftware Retail Shelf Planner*

111

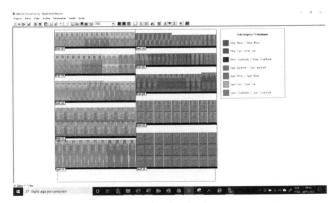

Análise de grupamento de produtos gerada pelo *software Retail Shelf Planner*

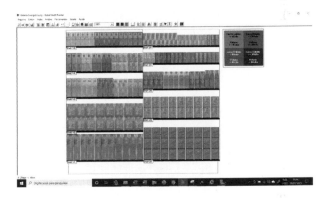

Análise de sortimento com base na matriz BCG gerada pelo *software Retail Shelf Planner*

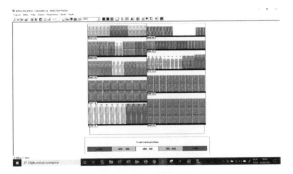

Análise de sub e superestocagem utilizada para dimensionar o espaço de cada produto nas prateleiras gerada pelo *software Retail Shelf Planner*

A sua gôndola estica? *Raphael Figueira Costa*

Quanto ao *Retail Merchandising Center*, trata-se de uma ferramenta voltada à edição e à gestão de grandes volumes de planogramas e layouts de loja. Possibilita que o varejista gerencie todo o fluxo de alterações em planogramas e edite grandes volumes desses documentos, em alguns casos sem a necessidade sequer de abri-los. Este *software* permite também que os usuários possam acompanhar a evolução das etapas do processo de atualização, bem como gerar impressões em PDF dos planogramas em lote também, tornando o processo extremamente eficiente.

É importante destacar que os três – *Retail Floor Planner, Retail Shelf Planner* e *Retail Merchandising Center* – fazem parte da suíte de *softwares* da empresa *Global Retail Business Solutions* (GRBS). Sediada na Bélgica, a GRBS possui uma rede global presente em mais de 40 países e é referência em soluções tecnológicas para gestão de espaços. Seus *softwares* são revendidos no Brasil com exclusividade pela Figueira Costa Soluções em Planogramação desde 2017.

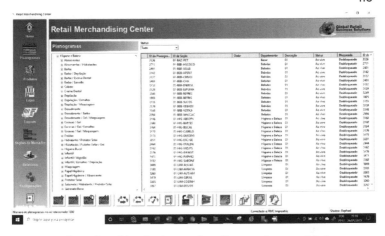

Retail Merchandising Center permite editar grandes quantidades de planogramas com rapidez e agilidade facilitando a gestão

A Figueira Costa também comercializa com exclusividade soluções desenvolvidas pela empresa suíça Z Visuel, especialista em soluções tecnológicas para gestão de espaços em 3D como, por exemplo, o *PlanogramBuilder*.

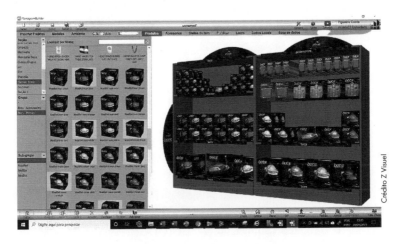

O PlanogramBuilder permite construir planogramas em 3D e com alta definição de imagem

A sua gôndola estica? *Raphael Figueira Costa*

Destaque-se que a Figueira Costa também desenvolve internamente soluções para auxiliar o processo de gestão de espaços. Uma delas é o Planomax, que permite gerenciar o fluxo de envio dos planogramas para as lojas. Por meio de um exclusivo *QR Code*, lido na loja, a solução dá acesso a promotores e à operação de loja aos planogramas para execução. Além disso, a ferramenta possibilita a auditoria presencial e remota de planogramas, por meio de aplicativo *mobile*.

Planomax permite a gestão do processo de planogramação de ponta a ponta

Há também uma versão para indústrias que fazem projetos de gerenciamento por categoria (GC) que permite a troca de informação em tempo real entre fornecedores e supermercadistas. Isso facilita que os dois lados acompanhem o processo passo a passo, o que garante maior agilidade e facilita o monitoramento de todo o processo.

A outra solução desenvolvida pela Figueira Costa busca facilitar o início do processo de gestão de espaços. Trata-se de um aplicativo que permite coletar imagens, dimensões e posições dos produtos no ponto de venda, facilitando, assim, a construção da base de dados para alimentar o *software* de planogramação.

Independentemente do tipo de ferramenta, a Figueira Costa possui um serviço de consultoria para a implantação do processo de planogramação, em que é feito todo o alinhamento dos processos internos do supermercado, a fim de viabilizar o projeto.

O processo de gerenciamento de espaços funciona como uma forma de regular a operação de um supermercado no qual o ponto de partida deve ser sempre a gôndola

Foto: Getty Images Pro/Canva Pro

6. Considerações finais

Os acontecimentos recentes mais marcantes têm acelerado a consolidação do conceito *phygital* dentro e fora do varejo.

E o que isso implica, na prática, para a cadeia de abastecimento?

Mais do que nunca tudo precisa estar integrado, ou seja, não se trata simplesmente de adotar novas tecnologias, mas sim de usá-las como ferramentas para fazer a lição de casa.

Quando pensamos no ponto de venda físico, ele não só sobrevive, como ganha fôlego diante de novas regras sanitárias, é preciso saber como dimensioná-lo não apenas visualmente, mas do ponto de vista estratégico para o seu negócio.

Nesse sentido, cada metro quadrado pode e deve ser ocupado não só para atrair, converter e fidelizar clientes, mas também para alinhar sua estratégia comercial e operacional.

Afinal de contas, conforme explorado ao longo deste livro, o consumidor compra o que enxerga. Portanto, não basta ter aquilo que seu cliente

118

quer, mas expor de uma forma que a venda do item aconteça e mais: no *timming* ideal para não comprometer seu fluxo de caixa e evitar rupturas.

Além disso, uma exposição benfeita oportuniza a compra por impulso, além de facilitar a missão de compra do cliente.

O processo de gerenciamento de espaços funciona como uma forma de regular a operação de um supermercado no qual o ponto de partida deve ser sempre a gôndola.

No fim do dia, o objetivo de todas as áreas da empresa é garantir que todos os produtos estejam expostos na quantidade, local, preço e modo corretos.

Caso isso não aconteça, os problemas surgem e se multiplicam: insatisfação do cliente, consumidor que deixa de comprar e bate na porta da concorrência, comprometimento do capital de giro, dificuldade de contratação de repositores, precificação inadequada etc.

Resultado: no fim do dia, o tempo e os recursos financeiros gastos para resolver essas questões são crescentes, além de mascarar a raiz de tudo: a má gestão da gôndola.

Traçando um paralelo com uma pista de pouso é ela que garante que os aviões, de todos os tipos e tamanhos, decolem e aterrissem com segurança.

Dessa forma, o processo de planogramação existe para organizar a casa e garantir que todas as outras tecnologias e metodologias contribuam para um melhor resultado da operação da empresa.

Há muitas ferramentas de planogramação disponíveis no mercado, mas escolher e adotar uma isoladamente não basta. É importante que a direção da empresa entenda a real importância de um processo como esse e o apadrinhe, além de engajar todas as áreas.

Outro passo decisivo é ir além de uma leitura simplista de que planograma é só um desenho da gôndola. Na verdade, ele deve ser algo vivo capaz de dialogar com todos os envolvidos a fim de minimizar ruídos.

Assim, um planograma precisa traduzir e alinhar o discurso entre comercial e operacional. Na sequência, ele deve servir como um mapa capaz de guiar o cliente pelo ponto de venda no sentido de assegurar uma experiência de compra prazerosa e por que não, encantadora?

Afinal de contas, embora o *e-commerce* cresça com força e os canais de compra se multipliquem no sentido de encurtar e facilitar o caminho do produto até as mãos do *shopper* e do consumidor, o principal trunfo da loja física continua a ser uma experiência de compra incapaz de ser replicada, por enquanto, pelo mundo digital.

A sua gôndola estica? *Raphael Figueira Costa*

Gestão da gôndola e fluxo de caixa

Por Sandro Benelli*

Às vezes alguns colegas me perguntam: "Qual a melhor maneira para ganhar dinheiro com supermercado?" Eu sempre respondo: "Parar de perder".

É neste contexto e com a preocupação de quem controla o caixa da empresa, que eu vou abordar a gestão do espaço na prateleira.

À primeira vista, quando analisamos uma Demonstração do Resultado do Exercício (DRE), ela parece um "bicho" complicado, mas não é não! No fundo, ali só existem três coisas que nos interessam: a venda, a margem e a despesa. E acredite, fica mais simples ainda: se a despesa for menor que a *cash margin* (venda x margem) estamos bem embora que, claro, sempre possamos melhorar. Mas se for o inverso, bem, aí, temos um problema ou alguns para resolver. Na verdade, um problemão, pois se não geramos resultado positivo, não há geração de caixa ou o patamar disso é muito pequeno. Simples assim.

E o que pode atrapalhar a nossa venda? A resposta é quase infinita, mas vou limitar e falar só de produto: ruptura, espaço inadequado, sortimento inadequado ou preço inadequado. Qualquer outra coisa acaba caindo numa dessas quatro situações, pode verificar.

Aí, começa nossa jornada: a gestão da prateleira. Se não estamos atentos à adequação do produto ao nosso cliente-alvo, ou seja, se não temos na gôndola aquilo que ele espera (seja em amplitude ou profundidade de sortimento) ele não vai comprar ou se fizer isso levar algo similar a contragosto. Essa venda será perdida em algum momento, agora ou no futuro. O mesmo pode ser dito do espaço inadequado, pois se o cliente não encontra o produto porque ele está "escondido" em algum canto da loja ou se o espaço é pequeno demais para o seu giro, novamente vamos perder venda.

Para mim, nada é mais frustrante do que colocar o cliente na loja o produto no depósito e perder a venda porque o produto não chegou à gôndola! É muito importante na gestão da gôndola dedicar o local certo e o espaço certo para o giro do produto. Ruptura é uma das piores pragas do varejo.

A boa notícia é que isso tem jeito. Foco na localização adequada, no espaço adequado ao giro e no processo de reposição resolvem mais de 80% dos problemas. Claro que não custa nada dar uma conferida no processo de compra.

Outro calcanhar de Aquiles para nossas vendas é o preço inadequado. Se não controlamos nosso preço vis a vis com nossa concorrência direta provavelmente o produto vai parar na prateleira. Esse problema tem basicamente duas origens: a falta de um processo de gestão de preço ou uma falha de negociação com o fornecedor. Resolver o *pricing* não significa pesquisar a concorrência e acompanhar o preço, porém ter uma política de preços alinhada ao nosso posicionamento e que atenda às expectativas do nosso público-alvo.

Com a política de *pricing* definida e implantada precisamos de margem para pagar as despesas e ainda sobrar troco, lembra do primeiro parágrafo? Neste momento, a negociação com fornecedor é fundamental, afinal nós varejistas prestamos um serviço a eles, pois colocamos o produto deles em contato com o consumidor final, assim precisamos ter uma margem que nos "remunere por esse serviço".

Aqui nada de desespero, pois temos novamente uma arma que é a gestão do sortimento para nos suportar na negociação. Com base em pesquisas técnicas e apoiados por ferramentas, como *Scantrack* e/ou *Scantech*, podemos obter uma negociação mais vantajosa com o fornecedor. Afinal, ele adora dizer que sua participação está crescendo no mercado etc. Que ótimo, vamos fazer crescer aqui? Resolvendo os dois problemas, com certeza, melhoraremos as nossas vendas e, provavelmente, o segundo ponto da DRE: a margem.

Existe um dito popular no varejo que diz o seguinte: "vender é fácil, duro é vender com margem". Nada mais verdadeiro e cristalino do que isto, pois vender sem lucro não é vender, é dar o produto.

Mais uma vez atenção ao sortimento adequado. Se o que compramos não vender ou se a performance disso for menor do que projetamos, vamos gastar "dinheiro bom" com "produto ruim". A margem não aceita desaforos, qualquer pequeno escorregão faz com que ela afunde. Por isso, mais uma vez, precisamos comprar certo. Produto comprado no volume e preço corretos vai gerar a margem que o nosso *pricing* espera. E vai girar! Com isso vamos reduzir a segunda grande praga do varejo: a quebra ou ruptura. Na maioria dos supermercados, a quebra é maior que o lucro líquido. Você já analisou seus índices? Para ganhar um ponto de margem é uma epopeia, mas para perder dois pontos dela é bem fácil. Controle de quebras não é coisa de Prevenção de Perdas, é tarefa do CEO.

Por fim, a despesa que cresce todo dia. Então, vamos identificar todo dia as raízes disso para reduzir. Numa loja, depois da frente de caixa, o maior número de colaboradores recai sobre os repositores. Fica evidente que para otimizar o trabalho deles e reduzir despesas de horas extras (ou mesmo ajustar o quadro) precisamos ter um sortimento ajustado ao nosso negócio. Sem falar na economia que pode ser obtida no nosso Centro de Distribuição com um sortimento correto (entregas corretas, manuseio adequado de produtos, menor quebra etc.).

Em geral, um sortimento adequado à sua proposta de valor é a maior economia de despesa que podemos obter no varejo. Comparando o sortimento de um atacarejo com o de um supermercado fica evidente este comentário. Por isso, ao garantir que os espaços estejam sendo corretamente utilizados na sua loja você vai garantir uma redução de despesas em: reposição, inventário, limpeza, quebra, serviço etc. Pense nisso na próxima revisão de sortimento.

Sandro Benelli é conselheiro do Grupo Super Nosso, presidente do Conselho Consultivo do Mestrado Profissional da FGV/Eaesp e doutorando em Estratégia na FGV/Eaesp

Referências

BLESSA, Regina. *Merchandising* no ponto de venda. São Paulo: Atlas, 2005.

EBSTER, Claus; GARAUS, Marion. *Store Design and Visual Merchandising*: *Creating Store Space that Encourages Buying*. New York: Business Express Press, 2011.

KANTAR WORLDPANEL. Estudo *Consumer Insights*. jan. 2021. Disponível em: ‹https://www.kantarworldpanel.com/br/Releases/Delivery-cresce-e-e-commerce-enfrenta-desconfiana›.

LETT; OPINION BOX. Estudo realizado sobre preferências dos consumidores quanto a canais físicos ou digitais. 2019. Disponível em: ‹https://www.meioemensagem.com.br/home/marketing/2019/08/22/lojas-fisicas-sao-preferidas-por-64-dos-brasileiros.html›.

MATTAR, Fauze Najib. Administração de Varejo. Rio de Janeiro: Editora Elsevier Ltda., 2011.

NIELSEN. Perspectivas para 2020: acompanhando a retomada do crescimento. 2020. Disponível em: ‹http://www.nielsen.com›.

NIELSEN. *Impactful Space Management Workshop.* In: NIELSEN. *The Smart Shelf? Your Pathway to Wining Retail: a guide on how can you as a manufacturer win at the shelf.* 2020. Disponível em: <http://www.nielsen.com>.

NIELSEN. *Shopper* Study, Latin America. In: NIELSEN. *The Smart Shelf? Your Pathway to Wining Retail: a guide on how can you as a manufacturer win at the shelf.* 2020. Disponível em: <http://www.nielsen.com>.

PESQUISA INDICA QUE CONSUMIDOR PLANEJA SUAS COMPRAS, MAS MUDA DE OPINIÃO NA LOJA. Disponível em: <https://economia.ig.com.br/2017-01-17/planejamento-compras.html>.

PIVETTA, Wellington. Loja física X *e-commerce*: qual engaja mais a audiência?. 2018. Disponível em: <https://www.implantandomarketing.com/loja-fisica-x-*e-commerce*-qual-engaja-mais-a-audiencia>.

POPAI. *Shopper Engagement Study: Member Report.* 2012. Disponível em: <https://www.linkedin.com/smart-links/AQE1wL6_RuDESQ/4473a629-e-3e1-432c-aa3e-c03585ab33f4>.

S.A. VAREJO. nov. 2018. Disponível em: <https://www.savarejo.com.br/edicoes-nacionais>.

S.A. VAREJO. Guia de Sortimento, mar. 2019. Disponível em: <https://www.savarejo.com.br/edicoes-nacionais>.

126

Supermercados lideraram receita e geração de empregos do comércio, diz ibge. Disponível em: <https://g1.globo.com/economia/noticia/2020/06/26/supermercados-lideraram-receita-e-geracao-de-empregos-do-comercio-diz-ibge.ghtml>.

SPC BRASIL; MEU BOLSO FELIZ. Estudo comparativo do consumo em lojas físicas x lojas virtuais. 2015. Disponível em: <https://www.spcbrasil.org.br/uploads/st_imprensa/release_compras_online_offline_maio_2015_v51.pdf>.

Este livro faz parte da coleção

Varejo
Em Foco

Composta pelos títulos:

- **Sua gôndola estica?**
  Gerenciamento de Espaços e Processo de Planogramação
  Raphael Figueira Costa

- A Estratégia do Varejo sob a Ótica do Capitalismo Consciente
  Hugo Bethlem

- Os Rumos do Varejo no Século XXI
  Pandemia e Transformação
  Irineu Fernandes

- Varejo Conectado
  Decisões Orientadas por Dados
  Fátima Merlin

- Pense Grande - Pense Pessoas
  Gestão de Pessoas: O Superpoder da Liderança
  Cidinha Fonseca

- O CRM no Contexto da Ciência do Consumo
  Fernando Gibotti

- Gestão de Pricing
  Precificação Estratégica e Rentabilidade
  Leandro de Oliveira

- Jornada Omnishopper
  Daniele Motta

Este livro utiliza fontes da família Poppins e foi impresso em julho de 2025.